常勝投資家が予測する日本の未来

玉川陽介

光文社新書

まえがき

　２０１３年９月——東京五輪の開催が決定し、日本中が歓喜した。

　それにより、２０２０年までに日本が歩む路線は、おおよそ決まったといえるだろう。五輪のために多くのインフラを整備し、景気対策を万全に行うのが既定路線だ。

　問題は、その後の日本に何が起きるのか。どのような未来がそこに待っているのか。その先を論ずる機会はまだ少ない。

　アベノミクスとして始まった現在の好景気は東京五輪まで続き、それ以降は、過熱したバブル経済の調整局面だと予測する専門家も少なくないようだ。

　しかし、筆者は、東京五輪後の日本は「面白くない」とは思っていない。

　日本に数多《あまた》ある問題に適切な処方箋を出し、それをこなせば、２０２５年にはいまよりも明るい未来がやってくるはずだ。

一方、間違った手術をすれば、多くの人の夢や希望とはことなる未来が待ち構えているかもしれない。


「日本が抱える多くの課題が、2025年にどうなっているのか」

「課題の解決策として、国や企業、そして、個人は何をすべきなのか」


本書は、そのような論点を解説している。

本書で扱う多くの課題は、2018年の時点で適切な舵《かじ》取りをすれば「まだ間に合う」問題だ。いまからでも未来の日本を明るく豊かな国にすることはできると信じている。

筆者は、投資家・経営者という仕事柄、日本や世界の未来を予想し、それに賭けるのが仕事だ。

パソコン少年だった筆者は、大学1年時に情報処理産業で起業した。その後、2006年に事業を売却し、個人投資家としての道を歩み始めた。

サブプライム危機後には米国経済の回復に賭けて債券市場で勝負し、アベノミクスでは日本経済に資産のすべてを賭けてきた。

本書のタイトルでは「常勝投資家」という肩書がついているが、もちろん個別の投資では負けることもある。

だが、負け局面も乗り越えてきた投資家のほうが強いはずだ。結果的に、100億近くの資産を保有するに至り、投資だけで筆者の生計が成り立っているのは事実である。

筆者は、世界を観察する切り口は3つと決めている。

「金融経済」「情報技術」「社会システム」だ。

これらの切り口で世界を俯瞰すれば、おおよそすべてのことが分かると考えているからだ。この3つの要素は相互に影響し合っており、世界そのものだ。

そのため、本書では、あえて人を中心に据えず、市場原理やテクノロジー、社会インフラの中に人が存在するという考え方で世の中の活動を分析している。

多くのストーリーは、突拍子のない絵空事ではなく、各分野のビジネスパーソンや投資家たちとの情報交換、世界各国の視察から導き出した、「起こり得る」可能性が高いものを描いている。

日本にこれから起きる変化を予想し、課題を乗り越える一助となれば幸いだ。

目次

2、［2025年のマイホーム事情］

アジア人富裕層が経済移民として押し寄せる

3、［2025年の地方都市］

地方にこそ世界を変える夢がある

第3章 〈社会システム〉のゆくえ

第1章　〈金融経済〉のゆくえ

1、［2025年の景気動向］日本は再びバブルを経験する

日本経済の躍進は東京五輪のあとも続く

2018年現在、メディアは毎日のように不動産市況は「バブル」であると報じている。実際、東京も大阪も不動産は取り合いだ。

価格上昇により、都心の投資利回りは低下。その結果、外資系ファンドは地方の温泉や沖縄にまでその食指が動いている。これは、2006年のミニバブル当時でも見られた、地価過熱のサインだ。

そのため、多くの専門家たちも、いまはバブルで、東京五輪後は下がる――そう思っている。これが「うれしい誤算」であったことに気づくのは2025年になってのことだろう。

じつは、**諸外国ではインフレ率よりも賃料や不動産価格の上昇率が高いのは常識であり、毎年、不動産価格が上がるのは当たり前だ。**

ちょっとした価格の上昇をバブルとして恐れるのは、過去の人々が昭和後期のバブル崩壊

とその恐ろしさを、いまの世に伝えたからだろう。

日本経済は、「失われた20年」の長い眠りから覚め、正常な経済循環のスタート地点に立ったに過ぎない。面白くなるのはこれからなのだ。

では、2025年の好景気に沸く日本経済とはどのようなものだろうか。

何も心配することはない。そこには、2018年よりも幸せな未来が待っているはずだ。

ただし、それは、現在、日本が直面する多くの問題に正しい処方箋を発行し、問題解決をこなし続けた場合に限る。

東京五輪後は物価、不動産ともに上昇

2025年の日本経済の一幕を描いてみよう。

人々は、幾分、2018年より忙《せわ》しなく働くようになるだろう。景気がいいからだ。新卒はどの企業からも引っ張りだこ。大卒新入社員の年収は400万円を超えているだろう。フレックスタイムが当たり前となった職場には、優秀なアジア人も多く配属されている。

引っ越し先の賃貸マンションを探すのは一苦労だ。アジアから経済移民も流入し、都心の住居は人気が高まり空き部屋がない。

売店の販売員の仕事は、品切れのたびに価格ラベルを値上げ後のそれに貼り替えることだ。時給も上がっていく。

以前から日本の主要産業である自動車とエレクトロニクス産業は勢いを取り戻した。それに加えて、日本経済の未来を支える新基幹産業（125ページで後述）の立ち上がりも順調だ。

新産業からの収益により、日本経済にも多少の余裕が生まれるだろう。その利益により、欧州並みの洗練された福祉社会の実現に向かう。

2025年の日本。その高度に効率化された社会システムのなかで、人々は、もう誰の手を借りる必要もなく生きていくことができる。

万人が清潔で高品質な暮らしを約束されることになるはずだ。

ここまで読んでみて、美辞麗句が並んでいることに胡散臭さを感じた読者も少なくないだろう。先行きの見えない２０１８年時点から、明るい未来を想像することが難しいのも無理はない。

だが、これはそうなる可能性の高い「２０２５年の日本」の姿だ。

そこに至るまでには何があるのだろう。日本は、多くの問題をどのように解決するのだろうか。

第１章の前半では、経済に焦点を当て、アベノミクス後の日本がたどる道を説明していこう。

賛否両論あるが、２０１７年までを見れば、黒田総裁率いる日本銀行のインフレ政策は大成功とはいえなかった。

金融政策だけでは、日本のデフレマインドを完全に払拭してインフレに導くには不十分であったのは事実だろう。

では、ここから先にどんな矢を打ち放ち、大復活をとげることになるのか。

２０１２年から２０１７年までのアベノミクス第一幕は金融政策であったといえるが、第二幕として経済移民政策（39ページで後述）が続くはずだ。移民政策との相乗効果により、2025年には、黒田金融緩和もアベノミクスも大成功の着地となっている。

そして、2025年。アベノミクスは「成功した政府の政策」として賞賛されることになるだろう。

先に大きな道筋を述べたが、これからその仕組みを詳しく説明しよう。

国策バブルで日本中が躍る

筆者は、2025年以降も日本経済はアジアの中心であり続けると信じている。

しかし、2018年現在においては、日本人が思うよりも、海外では日本経済の評判が悪いことも知っておくべきだろう。

「少子高齢化」「地方の過疎化」「政治にイニシアチブがない」「エレクトロニクス産業の衰退」「消費者は見ているだけで買わない」「その割に品質にはうるさい」……これらは、すでに世界で言い古された日本経済の評価だ。

諸外国からの評価が下がったことを筆者が最も痛感したのは、とある世界的な消費財企業の社内組織から、日本担当グループがなくなったことだった。

日本グループは、アジアパシフィック・グループの中に統合されてしまったのだ。これは、海外企業が、これから先も日本での消費喚起は期待できないと考えたことを意味する。

デフレマインドの定着、ブランド品に対する妬み、環境負荷の少ない簡素な生活スタイル、消費よりも将来に備えて貯蓄。人々の心に焼きついた、消費に対する消極的な考え方は、アベノミクスにより株価が少し上がった程度では、払拭されることがなかった。

しかし、２０２５年。その状況は変わっているだろう。

そのトリガー（きっかけ）となるのは、少し専門的な話になるが、金融庁による金融検査マニュアルの廃止だ。金融業界以外の読者には、金融庁と検査マニュアルの説明が必要だろう。

昭和のバブル期。銀行が融資先をろくに審査せずに、役員の愛人、反社会勢力などに融資をしたおかげで、市民の大切な預金は、銀座の夜のシャンパン・タワーに化けた。

このように、文字通り泡となって消えた資金は銀行に返ってくるはずもない。融資基準に客観性がなければ、多くの貸出金は焦げつき、銀行には損失が発生することとなる。そして、その損失が銀行の資本を上回れば、銀行は倒産してしまう。

しかし、銀行が傾いたからといって、その損失穴埋めのために、何の罪もない一般市民の預金を没収するわけにはいかない。そのため、公的資金を一時注入して救済したのはご存じの通りだ。

このような、**バブル期の反省から生まれたのが、いまの金融庁（前・金融監督庁）の仕事だといっていい。**

金融庁の仕事は融資のブレーキ役であったといえる。

バブル崩壊後、親玉である金融庁から見張られている金融機関の仕事は、さながら半官半民の様相だ。

前向きな企画を推進するよりも、融資や投資の焦げつきや不正行為などを排し、過ちを犯さないことが最も重要な仕事となった。ブレーキ役たる金融庁の仕事は、ある意味では秀逸なものだったといえるだろう。

しかし、その深々と踏み下げられたブレーキにより、どの銀行も融資をしなくなったことは問題だ。平成デフレ日本を作り出した原因は何か。そんな議論があれば、この金融庁の監督方針は、必ずその一因として挙げられるだろう。

そして、この監督ルールを規定していたマニュアルこそが「金融検査マニュアル」なのだ。

２０１７年に決定したマニュアル廃止は、金融庁がブレーキ役から、銀行融資の背中を押す役に変わることを意味する。金融検査マニュアルの廃止により、各金融機関は大盤振る舞いで、融資を加速することになるはずだ。

今後は、一般的な不動産融資に加えて、**借り手の資産内容や資金使途により大きく金利が変わるローンなど、伝統的なローンとはことなる貸し方が主力になる**だろう。

たとえば、金融市場動向や借り手の財務内容の変化に合わせて金利や融資条件が変わるなど「仕組み融資」も数多く登場し、融資市場は盛り上がりを見せる可能性がある。

いうなれば、金融検査マニュアル廃止は、アベノミクス第一幕の総仕上げだ。

大げさな言い方をすれば、**綿密に計画された国策バブルにより日本経済は絶好の立ち上がりで加速し、その後、景気は適度な速さで高揚を続ける。最終的には昭和バブル期の記録も更新することになる。**

なぜそういえるのだろうか。もう少し詳しく説明しよう。

アベノミクスの第一幕では金融緩和で銀行融資を加速させることにより、街中にお金を行き渡らせ、株や不動産価格をつり上げることから始まった。

そのような投資で利益を上げて蓄財する人が増えたところで、マイナス金利で貯蓄に対するペナルティを科せばどうだろう。大量に集めた現金を金庫に眠らせて罰金を払うわけにもいかず、次なる行き場を探さざるを得ない。

2018年の日本経済は、たとえるならば、銃弾を目一杯に充填したライフル銃が勢い良く火を噴く直前の状態だといえる。

資産バブルにより稼ぎ上げたお金はライフル銃に満充填されている。何かのきっかけで、「撃ち方始め」の号令がかかれば、その資金は、次なる事業や投資など前向きな目的に向けて集中砲火されるはずだ。

2018年現在では、この目論見がうまくいっているとはいいがたい。事業家たちが自信を持って新規投資できる有望な事業が、日本には少ないからだ。

しかし、アベノミクス第二幕として経済移民政策が始まれば、アジア諸国からの買いに続く買いの波に影響され、日本でのビジネスや資産価値は見直されるだろう。日本人のデフレマインドはようやく解消され、再び「消費は美徳」とされる。過去最高の経済循環が生まれるはずだ。

それに加えて、北朝鮮、中国、トランプ政権などの関連で戦争が起き、戦争特需により日本経済が一時的に活性化する可能性もある。

日本のビジネスパーソンで戦争を経験した者は誰もいない。そこが重要だ。**前例のないイベントは「ＩＴ革命」などといわれたときと同様にバブル化しやすい。**

――今回は、いままでとは違う。この波は本物だ。

このような正当化がしやすいこと、そして、**誰も分からないがゆえに「となりがやればうちも」の連鎖が時間差で発生して、広範囲に伝播していく。**これがバブルの構造だ。

金利緩和が出口を迎えて日本の金利が上がるとき

２０２５年、国策バブルで再加速した日本経済。

不動産価格と株価は緩やかに上昇を続け、インフレ率２％も軌道に乗ってくる頃だろう。株価は、１９８９年バブル期の最高値３万８９１５円を目前に控える。

そうなれば、日本は「良いインフレ」といわれる前向きな経済環境を40年ぶりに取り戻したことになる。２０２０年で崩壊するといわれた東京五輪バブルは、２０２５年にも続いているはずだ。厳密にはこれは、**東京五輪バブルではなく、国策により作られた金融緩和バブルであったと捉えるのが正しい**だろう。

かくして、物価は毎年2％上がり、家賃も上がる。給料も上がることになる。

しかし、**給料も上がるが物価も上がるので豊かになった感覚はないだろう。株価は同じ3万8915円でも、その意味合いはまったくことなる**のだ。つまり、1万円札を手に入れることは容易になったが、1万円札で買えるものは減ってしまったというわけだ。

このような状況になれば、金融緩和の役目は成功裏に終わったといっていい。

2025年までには、現在進行中の金融緩和の出口戦略が日銀内部でも本格的に論じられるだろう。**好景気が日本の隅々まで行き渡ったとき、日銀が金利を上昇させ、景気に冷や水を浴びせる**ことは、当初からの既定シナリオだ。

この出口戦略は重要だ。国策バブルを起こしたあとに火消しをしなければ、昭和バブル崩壊と同じ崩壊の道をたどることになる。

一方、早く水をかけすぎれば、景気回復に至る前にお祭りをお開きにすることになる。その場合、目的を達成できないまま金融政策は終焉を迎えてしまうわけだ。

今回の金融緩和バブルは、国がコントロールできる範囲内で人々を躍らせ、絶妙なタイミングで冷や水をかけることが重要なのだ。

住宅ローンは固定か変動か

ところで、金利上昇という既定路線のシナリオに対して、個人はどのような備えをするべきだろうか。

たとえば、住宅ローンは固定金利で借り入れを起こすべきだろうかという問いがある。

結論からいえば、それはおすすめしない。

なぜなら、10年後に多少の金利上昇で支払いが増えたとしても、現在の長期固定金利ほどの金利（20年固定で１・４％）まで急上昇することは考えにくいと見ているからだ。

そして、２０１８年現在の一般的な住宅ローンの変動金利は０・７％と歴史的な低金利にある。そこから計算すれば、いま変動金利で借りて返済を始めれば、10年後には残債は当初の74％まで減っているはずだ。

残債が大幅に減っていれば金利上昇に耐性ができることは、あまり知られていないが重要

な事実だ。10年後に金利が上昇しても、金利は当初比74％の残債のみに対してかかる。そのため、高めの金利で長期固定とするよりも、低金利の変動金利で早く残債を減らすことに利があるかもしれない。

固定金利という高すぎる保険料を支払うよりも、歴史的な低金利を最大限に利用して早く借入元本を減らすことが賢明だろう。

さて、近年、「サラリーマン大家」などの言葉を生むほど、広く認知されるようになったアパート投資も金利上昇により変わるだろう。

低金利の借り入れを背景にして拡大したアパート投資だが、借入金利が上がれば、多額の借り入れを起こして不動産を所有しても、家賃収入による利益は生まれなくなる。一方、経済情勢やインフレ率に連動して賃料収入や不動産価格は上昇を続ける可能性がある。

そのため、**アパート投資は、家賃収入を得るためのインカムゲイン投資ではなく、タイやドバイなどと同じようにインフレに連動した値上がり益追求目的に変わる**はずだ。不景気に慣れ親しんだ日本人から見れば、不動産価格が上がり続けることなど信じられないシナリオだろう。しかし、これは、現実に起こり得る未来だ。多くの大家さんたちは頭を切り換え、金利上昇によるルール変更を理解する必要があるだろう。

日本の借金の４割は帳消しに？

今回の緩和には、もうひとつ裏の目的があったともいえる。専門的な話になるので、金融知識のない読者には少々難しいかもしれない。

日銀は、日本の借金といわれる国債残高の４割、４００兆円という膨大な金額の日本国債を買い戻した。

国債を発行した財務省と、それを回収した日銀を同じ日本政府だと考えれば、国が署名した借用書の多くは発行元が回収したことになる。

つまり、日本の借金は、金融システムの操作により、見事に帳消しになったと考えることはできないだろうか。

企業も借金を減らすために、自社が発行した社債を市場で買い集めて消却することがある。それと同じだと考えれば、**金融緩和の出口を迎えた日本には、４００兆円分の借金帳消し**

という特別ボーナスが与えられることになる計算も成り立つ。

この帳消しになった400兆円分で何ができるのだろうか。いずれにせよ、日本経済最大の課題であった借金問題がなくなるならば、この国の未来は明るい。

なお、筆者はこの見方を支持しているが、2018年現在では、借金帳消し論は少数意見であることも申し添える。過度な期待は禁物だ。

消費者庁はあやしい金融商品の専門家に

2025年の東京五反田の雑居ビル地下階にある喫茶室「ピノ・ノワール」(仮名)。電子たばこの煙に包まれる店内では、ホスト風の男がこんな営業トークを繰り広げていた。

「2017年、ビットコインは何十倍にもなり、元手10万円から数億円を作った人がたくさん生まれました。富裕層の世界は、不動産や株をはじめ、資産インフレで潤っています。さあ、あなたも、指をくわえて見ているだけではもったいない! バブルに乗りましょう」

「ズバリ! 2025年はCO_2排出権売買がいいでしょう」

営業の男は、外資リサーチ機関も顔負けの経済データを提示しながら説得力のあるプレゼンを続ける。

「この排出権は京都議定書に定める取引とは別のもので、中国が胴元です。裏情報では中国は来年から環境問題に取り組むことになっていて、近くCO_2排出の規制が入ることになっています」

「いまはまだ始まる前なので割引価格で購入できます。規制が始まれば間違いなく中国企業に高く売れますよ」

「なんでそんな話にありつけたかですか？　うちの社長、奥さんが中華系で、中国の官僚と組んで一緒にやっているから特別なんです。もちろん、うちの社長もたくさん買っていますよ」

　ビッグネームと組んで「一緒にやっている」というのは彼らの常套句だ。これは必ずしも業務提携を意味するものではなく、**電話で１回話したことがあるだけでも堂々と「一緒にやっている」と言い張る。**

「月利１％で10年後には買い取り保証もあります。いい話だと思いませんか」

「支払いはビットコインでもできます」

不労所得の夢を見る会社帰りの会社員。そして、それを欺く金融詐欺集団。彼らはいつの時代にも健在だ。

じつは、営業員こそホスト風の風貌だが、この類の商品を企画設計している親玉は、並の弁護士よりも法律に詳しいプロ中のプロだ。もともとはネットワークビジネスの世界でのし上がった、違法すれすれのインテリ・ヤクザといっていいだろう。

彼らの商品設計では、この類の投資話は、複数カ国で展開されるのが常だ。

たとえば、日本在住の個人からひとり１００万円相当を目処に集め、ビットコイン経由で送金させる。投資契約の相手方は排出権を管理しているシンガポールの会社。契約書は英語だ。出金先は同社が指定する香港の銀行のみとなっている。

このように設計しておけば、投資金が消えて訴えるにしても、どこの国の法律を適用して誰を訴えればよいのか普通の人には分からない。投資金の回収は国際弁護士に依頼せざるを得ないだろう。しかし、１００万円程度の損失では、高価な国際弁護士を雇うことはできないから泣き寝入りするしかない。ましてや満期が10年後なら、10年間は架空の明細書を開示しておけばクレームが来ることはないので、そのあいだに雲隠れすればよい。

じつは、喫茶室で勧誘している**詐欺まがいの投資案件は、そこまで周到に計算して言い逃**

れスキームを作り上げている高度な粗悪品なのだ。

２０２５年。このような、おかしな投資話を撲滅するため、消費者庁と金融庁は合同で「買ってはいけない金融商品２０２５年度版」を発表するだろう。どれほど時代が進んでも、無知な人々を欺いて、価値のないものを売りつける商売はなくならない。時代が変われば商材が変わるだけだ。

「働かずして富を得ること」「詳しい内容はよく分からないがどうやら画期的らしいこと」「これからブームが来るらしいこと」「非公開コミュニティ限定の儲け話」「損失補填が付いている」——人々は、これらの条件が揃った儲け話が大好きだ。しかし、個人の営業員が熱心に勧誘する金融商品のほぼすべては詐欺まがいの粗悪品だといってよい。おいしそうな話だからといって飛びつくべきではない。

そして何より、一般個人も資産防衛のために**これらの商品の意味合いを理解する金融知識を身につけるべき**だ。

【コラム】バブルとは何か？　投資や融資で世界の富が増えるのか？

「投資で世界の富は増えるのか？」

この問いに対して結論から述べると、「投資や融資で富が増えることはない」。「FXはゼロサムで最後には誰も儲からないが、株はそうではない」。そういわれることもあるが、じつはそれも正しくはない。専門家といわれる人たちも含め、多くの人が勘違いしている点だ。

銀行で借用書にサインしたり、ネット証券でクリックしたりするだけで富が増えるわけがないのは、よくよく考えれば、子どもでも分かることなのだ。世界の富を増やすには、皆がまじめに働き豊かな世界を作るしかない。

しかし、経済を少し勉強したことのある人のあいだでは、信用創造や株式時価総額の増加により世界の富は増えていることになっている。この誤解を解き、経済を正しく理解してみたい。

まずは、株式の時価総額が増えると何が増えるのかを考えてみよう。

世界の株の時価総額は65兆ドルだが、この株価をつり上げ10倍の650兆ドルにすることは可能だ。

なぜ、証券会社がネット上でデータをやりとりしただけで経済価値が10倍にも増えるのだろうか。世界は一瞬にして10倍も豊かになったのか。

もちろんそんなはずはない。じつは、**株式時価総額の多くは会計上の未実現利益であり、その多くは、実際には換金できない架空のもの**だ。

650兆ドルの時価総額を650兆ドル分の食料や金塊に変えることはできないのだ。その仕組み上、実際にその値段で換金できるのはその一部分に過ぎない。

それを**全員が利益を得られている状態だと勘違いしたのがバブル相場の正体だ。バブルでは実際には、富が増えているわけではない**ので、多くの人が株を換金し、その現金をシャンパンや高級車に替えるなど、派手に消費すれば最後には帳尻が合わなくなる。

未開の地を開拓して天然資源や人的資源を拾得し、それにより企業の利益が増えるならば話は別だ。しかし、実態が変わらないのに金融政策や上昇相場で株価が上がるのは、世界の富は一定であるにもかかわらず、架空の評価額が変わったに過ぎない。多くの人たちの予想に反して、株価上昇とは、じつはそれほど意味のあることではないわけだ。

したがって、投資家や証券会社は、お金の流れを最適化したり右から左に動かしたりする仕事であり、富の増加には貢献していないのである。

では、銀行融資による信用創造[1]はどうだろう。

株の投資とは違い、こちらは実態のある経済活動のはずである。しかし、残念なことに信用創造も結果は同じだ。単に会計上のバーチャルな資産が増えて流れが良くなるだけで、世界の富が増えるわけではない。

では、バーチャルな資産とは何だろうか。

アベノミクス以降に誕生した小型株の投資家のように、何十億と持っていても毎日カップラーメンを食して電車で移動する人がいたり、農家のように稼いだ分を使わずに、すべて蓄えにまわしたりする人々がいる。

働いて得たお金とは、自分が社会に対して価値を提供した見返りに、世界の富を利用する権利だと考えてみよう。働かずして得たお金も同様だ。

人々は宵越しの金を持たないとは限らず、貯蓄をする。手持ちのお金をすべて物に替えて消費しているわけではないので、人々のお金は常に余るのだ。

これを経済システムのなかで、便宜上、他人に貸してあげるのが信用創造だ。そして、その見返りとして貸し手は利子を得る。

金持ちなのに毎日カップラーメンを食べる人には、会計上の富の蓄積があり、いつでも富を引き出す権利はある。だが、今日は、お金を富に交換することを遠慮している状態だといえる。その**超過分を、金融市場を通じて貸し出し、富の一時的な付け替え、貸しつけを行うのが信用創造**だ。まさに今日、富を使いたいと考えている他人がそれを消費しているわけだ。その他人とは、ローンを組んで不動産を買う人、銀行からお金を借りて設備投資をする企業などだ。

つまり、**信用創造においては、富が増えたのではなく、余ったお金の最適化が行われ**

1 銀行が「経済の大動脈」といわれるのは信用創造機能を持つためである。銀行に預金として集められたお金は、融資(すなわち預金の又貸し)を通じて経済社会を循環する。その結果、当初に国が印刷した量を超えるお金(の利用権)が市中に供給され、お金を使える人が増えて経済活動が拡大する。

たに過ぎない。最適化とは、お金の流れが良くなることだ。

このように、貨幣の流通を中心とした経済システムでは、お金が余っている人の手元から、いますぐに使いたい人の手元へ瞬時に富の移動がなされ、互助組合のような仕組みになっている。そして、この富の利用権がお金であり、それを管理、仲介するのが銀行融資による信用創造だ。

このように考えれば中央銀行の役割も理解しやすい。

お金とは譲渡可能なパン券（食堂に持っていくとパンがもらえる券）のようなものなのだ。おなかが空いていないときにもらったパン券は、誰かに貸し出す。そして、このようなシステムであるがゆえに、誰かが資源を使いすぎないように（限りあるパンを食べられすぎないように）管理して、帳尻を合わせなければならない。それが日本銀行をはじめとする中央銀行の仕事なのだ。**中央銀行により、世界の富はクラウドのように資源管理されているわけだ**。クラウド化されたサーバーでは、すべての人が同時に世界の資源を使わない限り、クラウド上にある計算資源を超える計算性能を利用者に割り当てても問題は発生しない。たとえば、本来は１００台しかない計算機。それを使う権利を

１０００人に販売しても、大勢が同時に使わなければ帳尻は合うわけだ。

それと同様、信用創造によるレバレッジは、資源の利用権を多くの人に多重配分する。だが、多くの人は、今日中に割り当てられた資源をすべて食い尽くすわけではないので、信用創造による多重配分が経済に問題を与えるのは資源の使いすぎ（バブル）が発生したときだけだ。

このような仕組みであるため、誰かが資源を使いすぎてしまったら、富の利用権は豊富にあるのに、あえていまはカップラーメンを食べている人、そして、将来に備えるために蓄えていた人の未来の取り分に、欠損が発生してしまう。その場合、この欠損は、教科書的には増税による富の回収と再分配により埋められることになっている。年金などに配るお金が足りなくなれば、徴収額を値上げするわけだ。しかし、これでは損を被ることになる人々に気づかれやすく、反発は必至だ。

そのため、現在の１０００兆円ともいわれる日本の借金は、インフレタックスと呼ばれる新手法により穴埋めされることになるだろう。

インフレタックスとは、せっせと貯蓄を続けて預金残高という会計上の利益を積み上げた人たちに対して、将来的に支給するパンの交換レートを下げて富の過剰分配を抑制

することだ。同じ預金額で得られるパンの数は減ってしまう。間接的な資産の没収だ。しかし、預金残高自体は減らされないため多くの人は気がつかない。それゆえ、税金として直接的に取られるよりは気持ちが良いだろう。

日銀や年金機構などは、いままさに、どのようにして、勤勉に貯蓄を続けてきた人たちに対して欠損を押しつけるかを考える段階に来ているといえよう。

このように考えれば、**お金は使って財と交換して、そこで初めて利益確定できる富の利用権だともいえる**だろう。

「お金は墓場には持っていかれないんだから、どんどん飲んで、早く使い切ったほうがよい」という酔っ払いの名言は、あながち間違いではないわけだ。

この仕組みをうまく使い、信用創造で他人から借りたお金で遊び尽くし、自分は富を生産せず、そのまま裕福に死んでいったとしよう。

これでは当然、後日に誰かに欠損が発生する。

昭和バブル期はそういう時代だったといえるだろう。

2、［2025年のマイホーム事情］アジア人富裕層が経済移民として押し寄せる

東京の高級不動産はアジア人富裕層のものに

ここ数年、東京の街では外国人を目にする機会が圧倒的に増えた。短期滞在の観光客が中心で、その多くはアジア人だ。

これは、**政府の地ならし策でもあったのだろう。インバウンド観光客２０００万人は開国の序章に過ぎなかった。**

２０２５年。日本政府は富裕層外国人に対して居住権発行のハードルを大幅に下げるだろう。経済移民政策のはじまりだ。その結果、富裕な中国人や台湾人が、東京や大阪になだれ込むことになる。かつての香港、シンガポールと同じ状況だ。日本でもアジア人富裕層の受け入れが始まるだろう。

２０００年頃は、池袋のアジア人といえば、風呂なしアパートに住む飲食店員というイメージが強かった。

2018年現在でも、その粗いイメージは払拭されておらず、外国人の入居不可という前世代的な募集条件のアパートは少なくない。

しかし、2025年のアジア人居住者は大きくことなるだろう。

一般の日本人よりも圧倒的に高収入、流ちょうな英語を話し、大卒相当の学力を持つ。本国では何らかのビジネスや不動産を所有するオーナー経営者とその一族だ。本国の政情不安定と貧弱なインフラに愛想を尽かせ、また子息の教育のために日本に移住してきた。アジア各国の上澄みともいえるビジネスパーソンたちだ。

日本の銀行は富裕なアジア人に対して不動産ローンの提供を始めるはずだ。そのため、**高額な物件ほど、日本人よりもアジア人が多くなる**だろう。

不動産業者向けに中国語レッスンを提供する会社も増えるだろう。もちろん、中華系富裕層を接客するために、中国文化も一緒に学ぶことになり親中派も増える。

外国人の大量流入で連想されるのは治安悪化だろうか。

それは心配するに及ばない。新規流入の多くは富裕なアジア人だ。街の治安が悪くなることはない。所得水準の高い市民が凶悪犯罪を引き起こす可能性が低いのは、世界共通だ。むしろ、相対的に所得水準の低い日本人が引き起こす犯罪を、富裕層外国人に心配されることになるだろう。

役所には中国語の案内が増える。一部の中華系住民からは「私たちは日本人よりもたくさん税金を払っている」として、中国語専門の窓口を新設するように要求が出る。しかし、平等を重んじる日本の役所に却下され、支払額での重みづけを常識とする彼らの反感を買うことになる。

訪日アジア人と結婚する日本人も増えるだろう。

肌感覚では、かつては、日本人男性とアジア人女性。日本人女性と欧米人男性。そのような組み合わせが多かった。しかし、これから先は、この比率も変わるかもしれない。

ママたちの公園デビューもいままでとは様変わりだ。公園では多言語が飛び交い、モンスター・ペアレンツの常套句である「そんなの常識でしょ！」という物言いも通じない。

それは、**国や人種のように「表向きは」差別のない〝横軸〟、そして、資産や収入、教育水準のように序列が明らかな〝縦軸〟。そのマトリックスのどこに属するかにより常識は完全にことなる**ことに皆が気づいたからだ。

日本の民族文化ともいえる、一億総平等、均一の幻想は、外国人の流入により終わることになるだろう。

2025年には移民が日本中を闊歩する。**将来的には、法務省の入国管理局は分離されて移民管理省として独立するだろう。移民はそれだけ重要な問題だ。**

経済移民がマンション価格を押し上げる

2018年現在、日本経済に求められているのはデマンド・プル型インフレと呼ばれる好景気のサイクルだ。

モノや土地の供給は限られている。それにもかかわらず、年々、需要は増える。そのため、価格は上がる。最もシンプルで分かりやすい価格上昇の仕組みだろう。

そして、日本にはそれがないのが問題だ。人口減で需要は増えず、不景気に慣れ親しんだ人々は、ほしいものを買うよりも将来に備えての貯蓄を選ぶからだ。

ならば発想の枠を広げて、外国人の消費を活用して、その循環を人工的に作ることはできないだろうか。

2025年、移民管理省の優秀な官僚が、少子化の進む日本にとって重要な政策を立案することになるだろう。

彼は、このように考えた。

「２０２５年の日本にとって、外国人観光客とアジア人富裕層の居住権取得者は、その消費を考えると日本の重要な顧客だ」

「日本にはアジア諸国にはない安定した住みやすさという魅力があり、潜在的な居住需要は非常に多い」

「この日本の魅力を生かして、**景気が悪いときは居住権の発行基準を下げ、アジア人富裕層の流入を増やす。日本の内需だけで好景気を維持できるときは経済移民を減らす。これを繰り返せば、外国人を景気の底上げと調整弁に使える**はずだ」

居住権の取得には、日本の不動産や事業に投資したり、日本人を雇用して給料を払ったりするなど経済的な貢献も必須条件だ。[2]

しかし、東京で不動産を買うのでは日本人と競合するだけで意味がない。経済移民には、

2　居住権の販売と投資家ビザによるもの。米国、豪州、欧州各国など、富裕層に対して実質的に居住権を販売している国は世界に多くある。また、定員を超えれば突然の発給中止もある。本稿のモデルとなっているのは以前のシンガポールや米国である。

地方都市で、日本人事業家の出口や受け皿として不利な案件をこなしてもらう必要がある。

それでも富裕な経済移民は気にしないだろう。これから永住する日本への、「ふるさと納税」だと思えば済む話だ。

「居住権の販売は金になる……」

かくして、毎年、2％の物価や賃料上昇をベンチマークとして、それに見合う人数の富裕層に居住権が与えられることになるだろう。経済と移民の問題が必ずしもリンクしていないという縦割り行政の洗礼を受け、調整は難航するだろうが、最終的には、うまく機能することになるはずだ。


移民受け入れに際しては、日本らしからぬ規制も導入されることになるだろう。

占い、健康食品、情報商材、マッサージ、ギャンブルなど「特定」業種に関わる外国人は居住権の取得ができないことになるかもしれない。「特定」とは日本の法律でよく使われる言葉だ。「特定」で指し示されている内容は、ワケ有りであることも多い。

また、金持ちでも素行の悪い外国人は居住権の申請ができないことになるだろう。

職業や学歴に貴賤はなく万人は平等である――そのような建前により制度設計されている

日本では新しい試みとなる。

「日本製品を買って経済に貢献する」「日本人の雇用を奪わない」「文化度を下げず治安を悪化させない」、この3要素を兼ね備えた外国人を歓迎する政策をとることになるわけだ。

２０２５年。かくして、東京23区は外国人招致特区とされ、富裕なアジア人が不動産を購入することにより、高い地価が維持されることとなる。

２０１８年現在、都心の平均的な70㎡のファミリータイプマンションは、おおよそ７０００万円だ。これが２０２５年には９０００万円まで値上がりしていることになるだろう。

東京にはマンションがたくさん余っているようにも見えるが、これは移民が入ってこない前提で計算した場合だ。じつは、香港や台湾、中国都市部の投資家から見れば、日本のマンションは割安なのだ。東京に富裕な経済移民が流入すれば、マンションの需給は逼迫《ひっぱく》し価格はすぐに上昇する。

そのため、都心のタワーマンションは、普通の日本人には、ますます高嶺の花となるだろう。共働きの高所得世帯でなければ手の届かないものとなるはずだ。

旧耐震マンションの建て替えが社会問題に

肌感覚を述べれば、東京都心では、旧耐震と呼ばれる昭和56年以前に建築された建物が1〜2割、平成元年前後のバブル期に建築されたマンションが3〜4割だ。

つまり、都心のマンションの半分は築古物件だ。

それらの建物は、2025年以降に築50年の節目を迎えることになる。

日本の建築は世界最高といえるくらい頑丈だ。築50年を超える老朽化したマンションでも傾く気配はない。

しかし、老朽化が進むにつれ、水道から赤水が出たり害虫が発生したり、エレベーターが動かなくなったり、そのデザインは若い男女が住みたいと思う住環境とはほど遠いものとなる。

築50年も経過した賃貸アパートはどうなっていくのだろう。

高齢化した個人大家の舵取りでは打つ手はなく、入居者も減って収支が合わなくなってくる。大家はやむを得ずアパートを不動産業者に売却して老後の資金を作る。業者は建物を壊して更地に近代的な仕様のマンションを再建築して利益を上げる。

経済合理性にもとづく自律的な経済活動により、都心の街並みは自然と若返りを果たす。単独の大家が所有している都心の土地付きアパートならば、土地だけでも数億単位の価値がある。建物が廃墟となろうが、土地を売却すれば済むので何の問題もない。

問題は、旧耐震の区分マンションだ。

区分マンションとは、いわゆる普通のタワーマンションや団地の一部屋だと考えればいい。大きな建物を数百人で共有して利用している共同住宅だ。このようなコミュニティにおいては、概ね客層も購入時期も同じであるのが一般的だ。

ここで東京の裾野の広さが裏目に出ることになる。

200室程度の中規模マンションですら、その住人は多種多様で、考え方も収入も、近年では言語や国籍すら人それぞれだ。終の住処と考えている高齢者、自宅兼オフィスとして使用している零細事業者、投資目的で購入して賃貸に出している投資家、最近引っ越してきたアジア人の経済移民など……。この時点で住居の将来像に対する意見が揃わないのは想像がつくだろう。

さらに費用負担の問題が重くのしかかる。

マンション管理組合では将来の修繕に備えて積立金を徴収しているが、じつは、ほぼすべての区分マンションで再建築資金が大幅に不足する見込みだ。

そのため、再建築時は各所有者から追加で建築資金を集めなければならないのだ。その金額はひと部屋あたり1000万円を超えることもある。

これだけの支出をしても再建築したいと考える所有者は少数派であるため、いつまでも昭和の築古物件をつぎはぎし、延命して使うこととなる。

管理組合が金融機関から10億円単位の金を借りて再建築を主導することもできるが、借りた金には利子を付け、誰かが返さなければならないのが世の中のルールだ。結局のところ、各部屋の所有者が再び30年ものローンを抱えることになってしまう。

それでは再建築に賛同する居住者は少数となるだろう。老後に再び住宅ローンを抱えたい者は誰もいない。

じつは区分マンションの価値のほとんどは土地ではなく、鉄筋コンクリートなどの建物代金だ。経年により建物は劣化するので、その価値は下落するのが定めだ。

資金を投下して再建築すれば、その土地と区分所有権は経済的に命を吹き返すが、再建築資金が捻出できなければ、それに利用価値は生まれないというジレンマが生じるわけだ。

築古マンションは外国人労働者の住処に

このような事情により、東京都心には、区分所有の複雑な権利関係、再建築費用不足を乗り切れず、廃墟と化すマンションが増えるだろう。

外壁タイルが剥落しないよう網が掛けられ、エレベーターは動かず、水道には「飲用不可」と多国語で注意書きが貼られる。

2025年、その廃墟の中では、南米人ブルーワーカーが祖国の家族とビデオチャットで話をしている。

「パパ！ どうなの日本は？ とてもすばらしい国で、とてもきれいだと聞いたわ？ 私も行きたい！」

「残念だけど聞いた話とは全然違ったよ。ここよりも南米のほうが生活の質は上さ」

「発展途上国は発展している途中というくらいだから、毎年、どんどん良くなっていくだろう？」

「日本は、大昔に作ったものにつぎはぎをして、使い回しているだけなんだ。良くなっていく気配はないね。どんどん古くなっていくだけさ」

「太古から、日本は、先に日が昇って早くに沈む国なんだ」

旧耐震マンションは、耐震性を重んじる日本人には受け入れられず、価格も付かない。最終的にはジャンク扱いの投資物件として売買され、廃墟のような風貌はそのままに外国人ブルーワーカーたちの住処となるだろう。

築古マンション再生への処方箋

「ほかでそんな話は聞いたことがない。本当なのか?」という読者の声が聞こえてきそうだが、それもそのはずだ。

区分マンションの歴史は浅く、老朽化による再建築が問題になっている現場は世界中を探しても数えるほどしかないからだ。そして、2025年以降に本格化する課題を、いまのうちから消費者に重要事項説明書で伝えるほど不動産業界は親切ではない。

だが、このまま政府も手をこまねいて待っているわけにはいかない。

2025年。国交省でもこの問題は議論されることになるはずだ。

毎年、建物は確実に年を重ねる。意思決定能力と担保価値に欠ける区分マンションの経年劣化は、時限爆弾のような問題なのだ。

最終的には法改正と税制改正によりこの問題は解決されるだろう。

現行法では、マンションの建て替え決議には居住者の8割の賛成票が必要とされているが、多種多様な人の思惑が交差する東京の集合住宅で8割の票を集めるのは困難だ。

ここから先は筆者の提言でもあるが、築古マンションでは、この割合を7割、6割と、経年ごとに引き下げ、さらに補助金を出すことにより政府主導の廃墟化回避計画を策定するべきではないか。

築古マンションの多い地区であれば、地域の都市計画を策定して、近隣の狭小地を併合して大型マンションや複合施設に建て替える誘導もいいだろう。

それでも住人たちが動かなければ、最後の手段として築古建物税だ。政府は築古区分マンションの固定資産税を値上げして再建築に誘導すればいい。

意思決定の統一という点では、ビデオ会議による管理組合総会への参加を許可するなど、簡単に意見を交換できる場を提供すべきだろう。また、居住者だけで再建築を計画するのが難しければ、外部の建設会社に仕切りを任せるのもいい。そのために「再建築アドバイザー制度」のようなものがあってもいいだろう。

これらをうまく組み合わせて再建築を円滑に進められる事例が増えれば、それをモデルにすればいい。

将来的には、新築時に再建築までを考えた資金計画、意思決定統率の計画を策定してマンション販売は行われるようになるだろう。

なお、戸建てを所有する場合、意思決定は簡単だが資金は自分で管理する必要がある。一般的な広さの戸建ての再建築には通常1500万円から2000万円程度の資金が必要だろう。「戸建ては、修繕積立金や管理費がかからずお得」と考えずに、その資金を自ら蓄えておく必要がある。

マンションと同じような修繕計画を自分で作ってみるといいだろう。

都心の一等地を頂点とする土地のヒエラルキー

地方のみならず都市部でも起こり得る築古マンションの廃墟化問題は、いわゆる「空き家問題」とは構造のことなる問題だ。

では、近年話題に上がることの多い、地方都市の空き家問題についても考えてみたい。

まず、この問題の本質を理解するために、人々の住宅購買パターンを極めてシンプルにモデル化して考えてみたい。

極論をいえば、**土地にはヒエラルキーがあり、家賃やローンを払える限り、人々は、東京でいえば皇居の近く（千代田区・港区・中央区・渋谷区・新宿区）に住みたいことになっている。**それゆえに、これら都心5区といわれる街は、いつでも価格が高いわけだ。

そして、その費用が捻出できなければ、支払える郊外や地方まで遠ざかり、そこに住み着くことになる。もちろん人々の行動の全体像をモデル化したときの話であるので「港区よりも足立区が好き」という個人の趣味を否定するものではない。

そして基本的に人の動きは次のように決まっている。

まず、東京郊外に安く空きが出れば、人は地方から郊外に引っ越してくる。地方の若者は東京の空気が好きだからだ。**大学や専門学校が東京に集中しており、やりたい仕事が東京にしかない**という事情もある。

東京郊外に出てきた彼らは、そこで出世して資金を貯める。そして、次に都心部が空けば郊外から都心部に駒を進める。都心は金持ちには楽しく、さらに、「港区に住んでいる」というブランド価値を手に入れられるからだ。

ところで、港区の虎ノ門ヒルズのロビーには、白い「トラのもん」像が展示されているのをご存じだろうか。その前で来訪者を観察していると、3種類の人がいることに気づく。入り口の「トラのもん」と一緒に写真を撮って帰るだけの訪問者。郊外から来た彼らには東京都心は羨望の対象だ。

そして、観光後に併設ホテルのレストランで高価な夕食をとる利用者。虎ノ門ヒルズを「ゲスト」としてならば利用できる地位にある人たちだ。

最後に、虎ノ門ヒルズ・レジデンスの居住者。階下に港区を見下ろす、都心の頂点に住む人たちだ。

3階層のうちのどれになるかをみなが争っているわけだ。

その都心争奪戦の結果、**東京中心部は寄せて上げられる構造で、いつでも均一に高い密度が維持される。逆に地方は、東京に人を吸い取られて密度が低くなる傾向に拍車がかかる。**

地方は過疎化が進むだろう。

このような人口動態を考えると、２０１８年に取りざたされている、いわゆる「空き家問題」の影響を受けるのは、地方だけであることも理解できる。

空き家問題は地方特有の問題

実際、「空き家問題」はどれほど大きな問題なのだろうか。

地方の家々がどんどん空き家になり、活気がなくなり、ひいては……という悪循環を考えると、大きな問題のように見える。

しかし、時間軸で俯瞰してみれば、違った見方もできる。

昭和のバブル期、東京に入りきらなくなった投資マネーや人間が、郊外、そして地方に幅広く広がり、家が建てられたことはご存じだろう。虫食い状に土地を使い、非効率に都市が広がる様は、スプロール現象と呼ばれた。

空き家問題とは、この巻き戻しに過ぎないのではないか。

バブル期には、もともと人が住んでおらず住む必要のないところに、たくさん家を建てた。

過去30年は使っていた建物が、最終的に使われなくなり、いまは空き家になっている。バブル期の需要予測に沿って作られた施設などが、今さら埋まるわけがないのだから、空き家になって当たり前である。

単純に過去の都市計画が間違っていただけなのだ。

地方の空き家は、過去30年間のうちに、すでにその目的を遂げた、高度経済成長期と昭和バブルの抜け殻だともいえる。

それらは、**会計的にいえば、すでに減価償却も済んでいる。過去の遺産的な施設なのだから、それほど心配せずとも日本経済に大きな問題を与えるものではない。**

もともと荒野だった場所が再び荒野に戻るだけのことだ。多くの空き家は、それで説明がつくだろう。

都心の再開発を急速に進めるには

このように、都市の無秩序な広がりは、一度始まってしまうと元に戻ることはない。広がった土地で生活する人々がいるためだ。

このような非効率を起こさないため、多くの海外都市では、日本とはことなる考え方で街を作っているのはご存じだろうか。

旧市街、新市街という区分けがそれだ。

旧市街には、歴史的建造物や石造りの市庁舎を構え、近代的な建物を新設することは禁止する。その代わり、旧市街の近くに新市街と呼ばれるエリアを別で新造する。

新市街となる場所は、以前は何もなかった原野であることが一般的だろう。

新市街では高いビルが建て放題だ。道路も整然としていてライフラインも整っている。斬新なデザインのオペラハウス、高層ホテル、美術館、近代的なショッピングモール、そして、グーグル社屋などが居を構えている。

日本でいえば、横浜のみなとみらい地区のような近代的な街並みだ。

おそらく、昭和バブル期の日本には、このような発想はなかったのだろう。

都心に建物が入りきらなくなったため、不動産デベロッパーは郊外に向けて大東京経済圏を広げていった。地方も同じだ。街の中心部は値段が高いから、という理由で、安価な過疎地に家をたくさん建てたわけだ。

このような**民間まかせの自由すぎる都市計画が、30年の時を経て空き家問題を引き起こしているのだ。**

本来は、市街中心部の小さなビルを取り壊し、狭小地をまとめて大きな土地にすべきだったのだろう。その後、容積率緩和[3]というボーナスを提供して、建物を高層化し、中心部の上空に新たな床を生み出すのが理想的だ。

しかし、このような、古ビルを壊してまとまった広さの土地を創造する経済活動は「地上げ」と呼ばれ、昔から悪党の仕事だと決めつけられている。

だが、都市計画の最適化という点では地上げは必ずしも悪いことではないのだ。

地上げに気乗りしないならば、むしろ、**国権による土地の接収を推進すべきだ。国が堂々と土地を買い取るならば、反社会的勢力が地上げで暗躍する余地もなくなる。**そして、都心の貴重な一等地を「この土地は誰にも渡さん！」と私物化する高齢の地主には、国が十分なお金を払って早々に立ち退いてもらうべきなのだ。

それが街のため、みんなのため。最大多数の最大幸福のためだ。

２０２５年。高齢の地主が持つ、その強すぎる財産権は見直されることになるだろう。

しかし、憲法で保障された財産権を勝手に侵害するわけにはいかない。そのため、何かいい言い訳が必要だ。

そこで、国交省は耐震基準を引き合いに出し、古い建物を使い続けるには多額の改修費が発生するように仕向けるだろう。もしくは、築古物件に限り固定資産税を上げるなども有効だ。

いずれにしても、自発的にビルを取り壊して、狭小地を合併したほうが「お得」となる環境を作ればいいのだ。

古ビルを積極的に取り壊す国策により、高層ビルが建ち並ぶ再開発地区が増えるだろう。それにより、ますます郊外から都心への人口移動は加速することになる。

郊外の不動産価格は下落する

これらの法改正による、都心の床面積増加で煽りを受ける場所もあるだろう。

---

3 同じ100坪の土地でも3階までしか建てられない住宅地と、30階まで建てられる商業地では、土地の価値は完全にことなる。つまり、建物の高さ制限を緩和すれば建築可能な床面積は増え、新たに土地が生まれるのと同じ効果がある。

東京郊外の「2等地」だ。

東京都心に空きが出れば、**都心から中途半端に遠い、中途半端なスペックの住宅は余ることになる。郊外の住宅には下落圧力が強くのしかかる。**

たとえば、2018年現在では、池袋から埼玉方面、新宿から町田方面、渋谷から中央林間方面などは、「準都心」の扱いで都心と大差ない金額で取引されている。

しかし、2025年には価格は大幅に調整されているだろう。東京郊外の過剰評価は落ち着き、都心とは一線を画するエリアに戻るだろう。郊外の物件を主戦場とする不動産投資家から見れば頭の痛い問題だ。

だが、**価格の低下には良い面もある。同価格で広い住居に住めるようになる**ことだ。

2018年現在、都心の平均的なひとり暮らしは20～25㎡だが、2025年には諸外国並みの40㎡程度まで広くなるだろう。

弱者のためのシェアリングエコノミー

2025年。東京の一般市民は、どこに住んで、どのような暮らしをしているのだろうか。

中堅大学を出て、中堅企業で働いている20代。年収400万円前後の若者たちだ。

外国人の流入が始まっているだろう都心は、不動産価格の高騰が続き、普通の日本人から見れば、東京は住みにくい街になっている可能性がある。庶民からすれば、政府は国民の味方なのか、アジア富裕層の手先なのかが分かりにくくなったともいえる。

そこで、２０２５年。政府は住宅価格の高騰を抑制するため、50年越しともいえる、建築法令の改正に着手するだろう。

国交省は、事務所ビルの住居への転用規制を大幅に緩和することになるはずだ。

２０１８年の東京では、新しいビルがたくさん増えるにもかかわらず、新産業は育たず需要は一定だった。

そのため、企業が、耐震やＢＣＰ（事業継続計画）面を考え、新しいビルへ移転した結果、古いビルの使い手がいなくなるという問題が発生した。たとえば、神田などは東京駅からも近い一等地にもかかわらず、たくさんの古ビルが余った。

そこで、**国土交通省はこれらの古ビルの住宅へのコンバージョン[4]を許可する**ことになるだろう。

もとが事務所仕様であるため、住みやすいとはいえないが、腐っても日本の建築基準で作られたビルだ。多少の地震くらいで傾くことはない。
このような**古ビルは、低価格のシェアハウスや若年会社員向けの賃貸住居、老人ホームとして活用されることになる**だろう。

このように、一等地の優良なタワーマンションはアジア人富裕層、再生古ビルは日本の若年層や高齢者がシェアで利用するという皮肉な結果となったが、ひとまずのところ、それぞれが収まる場所を見つけ、住宅問題は解決に向かう。

2018年現在、シェアリングエコノミーが、21世紀の新しい生活スタイルを代表する言葉となっている。カーシェア、シェアハウスのように、限られた資源の稼働率を上げる試みは、世界を変えるだろうか。
2025年。ふたを開けてみると、それらは、弱者のためのシェアリングエコノミーという結果に落ち着くだろう。バブル期の遺産ともいえる都心の古ビルに、日本の若者が寄せ集まって共同生活をすることになる。
その実態は、シェアリングエコノミーの理想として思い描いていた、無駄がなく高効率な未来とはことなるものであろう。

ソーシャルなシェアコミュニティは楽しい。しかし、シェアしなくて済む豊かさという観点もあるのかもしれない。

欧州型社会福祉と日本の生活保護の違い

国際化が進む東京。古ビルシェアハウスでは日本人とベルギー人の青年が会話をしていた。

「なぜ、シェアハウスに住んでフリーランス生活をしているの?」

「大企業で働いたら意見を言っても通らないし、先も見えている。夢も自由もないからさ」

「うん。その通りだ。僕はスタートアップ企業で世界を変える仕事を楽しみたい」

「けど、僕たちは、30歳までには経済的にも成功しなければならないよね。結婚して子どもを育てるお金が必要だよ」

「うーん。**ベルギーでは、社会福祉が充実しているから生活資金に困ることはないかな。国**

4　ビルから住居への用途変更。現行法では、物理的には住居として十分なスペックを備える事務所でも、ほとんどの場合に合法的なコンバージョン（用途変更）はできないため、遵法性ありきの大企業には参入できないグレー領域となっている。

に帰れば国がなんとかしてくれるから。だから異国で挑戦できているのさ。僕はそんな祖国ベルギーが大好きだよ」

「むしろ、ベルギーでは、充実した社会福祉をあてにして、国民があまり働かなくなったのが社会問題化しているくらいなんだ」

それを聞いた日本の青年は驚愕し、日本の社会福祉制度をネットで検索してあせることになるだろう。

残念なことに、２０２５年になっても**日本の社会福祉のコンセプトは「衣食住には困らないがそれ以上ではない」、そこから変わっていない**だろう。**日本は、資源も出ない、蓄えもない国ゆえ、人々が汗水垂らして働き国を支えていくしかない。そのような経済構造**だからだ。また、「働かざる者食うべからず」のことわざの通り、社会福祉が充実しすぎるのは勤労者の賛同を得られないという国民性も影響している。

そのため、日本では、シェアハウス暮らしから卒業するのは各自の自己責任となっているのだ。

２０２５年。このような日本の社会福祉の考え方は変わるだろう。

現代において、若者が公務員や大企業を目指す理由のひとつとして、「食べていく心配から解放されること」が挙げられる。多くの若者は、挑戦するリスクをとるよりも、堅実な仕事に落ち着くことを望む安定志向だといえるだろう。

人は貧困に陥るかもしれないという恐怖には打ち勝てないのだ。いつ仕事がなくなり、生活できなくなるかを考えると、冒険は早々に切り上げて、「まっとうな」仕事に就くことを考えがちだ。

しかし、それが理由であれば、若者たちが挑戦に失敗しても、その後に再び食べていかれることを国が保障すれば、挑戦者は増えるのではないか。

貧困者だけでなく挑戦者を支援するためのセーフティネットが作られるべきだろう。

そうすれば安心して多くの人が新しい価値の創造に挑戦できる。

さらに、**知識層が将来の心配をしなくてよければ、高級品の消費や投資にも資金が回りやすい**という副作用もあるだろう。

貯蓄から投資や消費に誘導したければ、保守的な人々を啓蒙するよりも、過剰な貯蓄をする必要のない経済環境や社会システムを提供するのが手っ取り早い。

家はレゴブロックのように均一化される

２０２５年を生きるアッパー・ミドルたちはどのような生活をしているだろうか。

２０１８年現在の物価で年収８００万円以上。有名私大から大企業の部長になった「悪くない」ポジションの40代だ。会社では将来の役員候補とまではいわれないまでも、チームのトップを務め、課長、部長と順調に出世レースを勝ち抜いてきた企業戦士たち。

そこから得られる給料により、２０２５年の日本で上質な私生活をおくることができているのだろうか。何が上質かは人により定義がことなるが、ひとまず、本項のテーマであるマイホームに焦点をあてて考えてみよう。

２０２５年の住宅は、その10年前よりも機能性は向上しており、これといって改善の必要な点はないといえるほど完成されたものになっているだろう。

ただひとつ、デザイン性を除いては。

戸建て壁面の主要な材料は、サイディング材といわれる偽物のレンガになった。室内のフローリングも木製かと思ったら、表面は印刷で仕上げた人工材料だという。**天然木よりも人**

工材料のほうが規格も揃っていて、虫食いや、そりもないから使いやすいそうだ。

また、窓は小さいほうが断熱性に優れエネルギー効率が良いという理由で、開放的で大きな窓は２０２５年のマイホームからは消える。

このように、**普通の家は、プラスチックやセラミック、ビニールなど人工材料の集合体となるだろう。**

そして、戸建てのデザインは規格化されて、色以外はすべて同じだ。レゴブロックのようなパーツを組み合わせて家が作られることになろう。

かつては「コピペ住宅」と呼ばれていたが、あまりにどこでも同じなので、２０２５年にはそれすら言われなくなるだろう。

これらの人工材料と均一化は、なぜ起きたのだろうか。それに至る理由を考えてみよう。

２０２５年の日本では、土地や建築資材の高騰に対して、給料は思ったほどは上がっていないだろう。

限られる月々のローン返済額のなかで、それなりの家を提供するには、コピペのような住宅を大量生産して安く届ける以外に方法がなかったのだ。

そのため、本物の素材を使用すること、デザイン性を考えることは、コスト面から割愛された。

すべては、**低価格でそれなりのものを全員に届けるための設計思想だ。その思想をひとことで表現すれば「豊かさよりもコストパフォーマンス重視」**だといえる。

これは、悲しむべきことなのだろうか。

バブルを経験した高齢者から「本物を知らない世代」といわれようとも、「所有より経験」をモットーとして育った世代が気にすることではないはずだ。

しかし、家の選択肢だけを見ると「一億総中流」といわれた過去の日本のように、再び社会主義的な世界に戻ったようだ。都心のマンション群は「テネメント（Tenement）」と呼ばれた、旧ソビエト共産圏の味気ないデザインの集合団地を彷彿とさせる。

東京では、年収８００万円はハイクラス人材だ。

しかし、彼らの住宅事情だけを見れば、必要十分とはいえ、人工材料でできたコピペ住宅に住むことを余儀なくされ、周辺に緑豊かな公園があるわけでもない。

お世辞にもハイクラスな住環境とはいいがたい。

ハイクラス世帯のためのシェアリングエコノミー

ただ、ハイクラス世帯は、シェアリングエコノミーで生活が少し便利になるかもしれない。高級マンションの共用部分には、スパやネイルルーム、キッチンスタジオ、ワインセラー、ゲストルームなどが基本設備として浸透して久しい。

しかし、これらの設備は維持費がかかる割には、それほど頻繁に使うわけでもなく、なかば物件販売時の「広告塔」としての意味合いも強い。

これらの設備にお金を掛けるよりも、運用、サービス面を充実させるマンションが増えるだろう。設備というハードウェアにお金を掛けず、サービスやソフト面に使うという近年の潮流は、住宅の設計でも同じだろう。

ところで、家事代行サービスをご存じだろうか。1回1万円程度の予算で、風呂や台所、床の清掃などを請け負う業者だ。

一度使えば、次から自分で掃除をするのが面倒になるという不可逆性も兼ね備えているため、リピート利用率の高いサービスだ。
忙しい共働き家庭が増える社会構造に合わせて、今後、拡大するビジネスのひとつだろう。多くの人が家事代行の便利さを理解し、それを頻繁に利用するようになれば、次は家にメイドがやってくるかもしれない。

海外の富裕な家庭では、コック（家事使用人）が料理をして、メイドが子どものベビーカーを押し、掃除、洗濯など、一通りをこなすのが一般的だ。

海外のメイドやコックは、富裕層の豪邸の一室に住み込みで働く、出稼ぎ労働者の外国人だ。メイドは、日本の大学生が住む、ユニットバス付きのワンルームマンションのような狭い部屋に住み、二段ベッドに寝泊まりしている。場所にもよるが、アジアの発展途上国から来た中年女性が多い。月給は3万円から6万円程度だ。

なお、本物のメイドは秋葉原のメイド喫茶で接客するメイドとはまったくことなる。メイドは、日本人の感覚では理解の難しい、一般の人々と比べて階級や扱いが明らかにことなる労働者たちだ。

たとえば、「家人が夕食を済ませる前にメイドが食べてはならない」「ときに台所や風呂場の床に寝泊まりすることを強いられる」などがその扱いだ。

都会で生活する日本人が、料理や乳児のケアなど繊細さの要求される仕事を、見ず知らずの外国人メイドに頼むかといえば、そうはならないかもしれない。日本の狭い家にメイドが住み込むこともないだろう。

だが、家庭内の雑務や介護を外部委託する生活スタイルは浸透するのではないだろうか。おそらく、マンション一棟に何人かのアジア人出稼ぎ労働者が住み込みで常駐し、入居者宅を輪番で回るような、通いメイドとなるだろう。

人件費が高い日本で、人の労務を時分割でシェアすることは理にかなっている。

これには、最低賃金や人権など日本の法律との兼ね合いもあるが、他国では一般的であることを考えれば、不可能ではないはずだ。

３、［２０２５年の地方都市］地方にこそ世界を変える夢がある

地方再生のために必要なユニバーサルサービス廃止

地方再生が叫ばれて久しい。多くの政治家がさまざまな提言をしているが、そのほとんど

は正しくないだろう。

地方再生に必要なのは、ただひとつ。

ユニバーサルサービスをやめることだ。


ユニバーサルサービスとは、簡単にいえば、山奥の高齢者ひとり暮らしの家にも、道路整備、電気、水道、ガス、ネット、警察、消防、ゴミ収集、郵便や宅配便、バスやタクシーなど、さまざまな公共サービスを赤字でも提供しなければならないルールのことだ。

ユニバーサルサービスは、一見、地方都市の住人にはやさしいサービスのように見える。

しかし、これが認められているがゆえに、本来、経済的な荒野ともいえる採算の取れない僻地に人々は家を建て、そこでスローライフを満喫している。

そして、**地方の生活を支えているのは都会の勤労者の税金だ。東京から地方交付税というお金を集めて地方に送金しているわけだ。**

地方交付税は金額にして毎年15兆円。消費税の全税収とおおよそ同額だ。これは小さくない金額である。

これにより、誰も人がいない僻地でも、世界最高水準のハイテク道路が整備され、地方に居住する不便さはない。

そればかりか、公共施設だけを見れば、都会よりも立派な施設も多い。

最近は、東京でもワーキングプアーや学費が払えないといった社会的な貧困層が多いのに、地方にお金が送られて、「無駄遣い」されてしまう。

特に日本人は橋を架けるのが大好きだ。これほど橋梁の多い国は海外にはない。

地方には受益者負担の原則がないのが問題だ。

駅前よりもロードサイドに多くの大型店が並び、車で僻地とそこを行き来する生活。それが、本来は高コストであることは理解されていない。

じつは、これは昭和の政治により意図的に作られた地方の姿である。

選挙のシステム的に、地方の選挙民に親切にしたほうが当選しやすいことも関係しているだろう（テレビ番組の討論でも、地方交付税を減らせと言う政治家を見たことがない）。

地方の田んぼは、票田でもあるからだ。

農家の収入が都会並み、もしくはそれ以上に高いのも、農協ほかによる価格統制と農家保護システムが作用していること、そして、税制的に農家は税負担が少ないためであろう。

それにもかかわらず、地方の農家は貯める一方で使わない。使う場所もないので、お金が市中に巡らない。おかげで、その余剰資金を預かる農林中金は世界最大級の金融機関だ。

では、ユニバーサルサービスを廃止した地方は、どのように生活していけばいいのだろうか。

その答えは、コンパクトシティ化だ。

欧米の街と同じように、街から街のあいだは草原や田畑にして、それ以外は何もない。そのような都市設計にすればよい。

そして、**どうしても僻地に住みたければ、その維持費用を自分で負担させればいい**のだ。この地域で電気と水道を引くには、初期費用100万円、月額サーチャージ3万円。ネットは無線通信のみ――それだけで、全員が市街地に引っ越して、人口は集結するはずだ。「住み慣れた故郷から立ち退きさせられた」と考えず、中心部に寄り集まって助け合うライフスタイルに変わったと考えるべきだ。

さらに、コンパクトシティ化とユニバーサルサービス廃止では、中央と地方の双方、つまりは国全体のメリットとなる副産物がひとつ期待できる。

現在の日本経済の最大の問題のひとつは、医療と介護の公的支出が多すぎて毎年、赤字を垂れ流していることだ。

地方の過疎地では、医師不足や病院の廃業が問題になっている。そのため、高給で医師の求人を続けるしかなく、このコストは間接的には社会保険料を通じて都会の人々が負担している。地方の割高な医療費が下がれば、日本の財政赤字は解消され、税率を下げられる可能性すらあるわけだ。

この問題を解決するために遠隔医療なども研究されているが、それでも、全国各地に病院を作り、維持していくのは高コストすぎる。

病院も社会インフラだと考えればいいだろう。維持費のかかる過疎地は放棄して、新幹線の駅前に人々が寄り集まって生活すれば多くの問題は解決する。

駅前の大型クリニックモールにコミュニティ広場を併設し、高齢者を送客すべきなのだ。

そうすることが地方を経済的に救う最後の手段ではないだろうか。

さらに、行政電子化と無人化で効率を高めて運用コストを低減する必要がある。電子立国エストニア（２０７ページで後述）のように、東京よりも効率の良いシステムを地方起点で構築していくことが必要だろう。

地方分権の本当の意味

このように、**地方交付税とユニバーサルサービスで生かされているのが地方の実態**だ。地方交付税をもらわなくても単独黒字化できているのは、「原発がある」「大企業の工場がある」「神奈川、埼玉、千葉などもともと都会の街」、というおよそ3パターンしかない。ほかは中央からの支援なしでは現況の姿を維持できない、経済的にはすでに消滅した地方都市だといえる。

近年、いわれている地方分権は、このような問題を解決するための口実かもしれない。政治家たちも「東京で集金して地方都市に送金する日本の経済システムは無駄が多い。そろそろ、やめたほうがいい」、そう考え直したのではないか。

つまり、国が推進している地方分権とは、地方に権利を分け与えることではなく、地方が単独で採算を合わせるように切り離すことなのかもしれない。

地方が単独で生計を立ててくれれば、極端な話、消費税ナシにすることもできるわけだから、日本全体にとっていい話なのだ。

地方を再生するには、補助金を出すのではなくユニバーサルサービスをやめてコンパクトシティ化を進めることが重要だと筆者は信じている。

そのため、推進すべきは地方活性化というより、自治体の統廃合と行政の効率化だろう。

しかし、現実には難しい話だ。

地方からの支持がなければ政治家にはなれないわけだから、地方からの反対必至と思われるプランに着手することは不可能というジレンマがある。

しかし、ＧＭ（ゼネラル・モーターズ）破綻のときと同じく、労働組合が強すぎて個々人の権利や希望を主張しすぎれば、沈み欠けた船を再生することはできない。各人の権利を制限して会社を黒字化させなければ、労働組合は会社と一緒に解散し、自滅するしかないわけだ。

日本の地方はそれと同じ状況だ。

政治家は、地方の有権者に迎合するだけでなく、そろそろ本当のことを言う必要があるだろう。

過疎地にこそ世界を変える夢がある

日本の過疎地は、インフラを整備し、町おこしをして集客し、都市化することを考えている。目指すゴールは東京や大阪か。もしくは、人口を増やして県庁所在地の地位を得ることか。

しかし、未来を真剣に考えればそうすべきではないのは明らかだ。

過疎地は、東京ではできない先進的な取り組みを実験するフロンティア地域となるべきだ。テクノロジー、金融、社会システムなど多くの領域で、過疎地をサンドボックス（実験場）化して、未踏の新規事業を推進する。

経済的に自立できるシステムは何でも試すことができるようにしたらいい。一方、問題が起きたらすぐにやめればいい。

なぜ地方や過疎地がそれに適しているのか。

過疎地で展開すべき挑戦的なプロジェクトとは、マック・ブックひとつでできるような、ちょっとしたウェブサイトやコミュニティの立ち上げではない。

条例、村役場のデータ、交通規則、電車やバス、空港の運用、田畑の使い方、建築の許認可のような社会システムを単一の事業者にゆだね、すべてを改革するような大がかりなプロジェクトだ。

新しい国をひとつ作るような試みだといっても過言ではない。

これを東京でやろうとすれば不可能なことは容易に想像がつく。東京や大阪の街を大規模に巻き込んだ実験で失敗が続けば、多くの問題がある。

だが、過疎地で宅配ロボットを走らせ、自動運転の実験道路を整備し、バイオマス発電所を建設し、無人の村役場を作ってみるなどは可能だろう。

過疎地には高齢者も多くいるため、ヘルスケア事業には欠かせない健康管理データを、大量に取得することもできる。個人情報の扱いについても例外を定めればいいだろう。

過疎地に限り、外国人はビザなしで誰でも住めるようにしてもよい。ただし、地方を外国人に占拠されないよう、土地や会社は日本人の所有に限るべきだ。

このように、**私企業主導でミニ国家を許可するならば、世界中から都市計画のプロポーザル（競争入札における計画の提案書）が集まる**だろう。

これは、まったく非現実で検討に値しない話だろうか。

砂漠を大経済都市に変えた海外の成功事例に学べ

じつは海外では、このような試みはすでに多く行われている。

アラブ首長国連邦（UAE）にはマスダールシティという、砂漠の真ん中に突如として現れた実験都市がある。

これは、ゼロエミッション・シティ（廃棄物の出ない街）を標榜し、地域内のエネルギーを循環のみで持続可能な街を建設するという挑戦的な試みだ。

中東の石油依存の構造を考えれば、石油を燃やさずに持続可能な街が成立することを証明できれば、それは画期的な実験成果だ。

現場には、膨大な数の太陽光パネルが設置され、また、風通しを考えた建物の設計をすることにより避暑効果を得るなど、環境に配慮した街並みとなっている。

ほかにも中東には、ドバイ、YASアイランド（アブダビ）など、革新的な国策開発プロジェクトが多くある。

たとえば、ドバイでは、巨額の石油マネーで砂漠を新規開発し、まったく何もない場所から中東地域のハブとなる大型都市を作り上げた。

すべての施設は「世界最大」と「世界最高」にこだわり、世界の人々を魅了するために作られたものだ。

その結果、多くの人が住み、毎年、日本のインバウンド外国人の数倍もの観光客が訪れ、商業が活性化することとなった。

何もない砂漠を大規模な経済都市に「用途変更」したために、無価値であった砂漠に、東京・港区を超える地価が付くことになったのだ。

ギャンブルの禁止されている首長国ドバイだが、このプロジェクト自体が国の存亡を賭けた大博打だったはずだ。２００９年のドバイ・ショック[5]では、一度、その賭けに負けたともいえる。

しかし、最終的には持ち直し、石油の枯渇による経済崩壊を避けることができた。

5　２００９年の世界的な金融危機はドバイを直撃し、ドバイ国営企業の発行する社債がデフォルトし、建設途中のビルが資金難で完工しないなどが相次いだ。最終的にはアブダビの資力を借り立て直したが、その借りのおかげでドバイ最大のビル「ブルジュ・ハリファ」はアブダビ首長の名を冠することになった。

そして、今後は、**自ら開発した不動産の大家さんとして、世界中のビジネスパーソンから家賃と施設利用料を徴収して生き続けることとなった**のだ。

このビジネスモデルは、「丸の内の大家さん」こと三菱地所グループを見ても分かる通り、非常に手堅く、継続性の約束されたものだ。

ドバイは成功を収めたといえよう。

アジアでも各国の挑戦は続いている。

マレーシアにはイスカンダル・プロジェクトという壮大な開発計画がある。

同プロジェクトではマレーシアとシンガポールの国境都市・ジョホールバルに、シンガポール並みの先進的な都市を創ることをテーマに掲げている。

マレーシアの目論見はこうだ。

現在のマレーシアは、沿岸部の場所貸しと、機器の組み立て、事務作業など低レベル労働の請負でちょっとした外貨を稼いでいる。

しかし、この労働集約型ビジネスモデルには限界を感じており、石油や森林資源が豊富にあるうちに、コンテンツやメディアなど、知識集約型産業に経済構造の転換を図りたい。

そのために、映画の撮影スタジオなど知的産業系の施設を政府の肝いりで建設した。外資も説得して、レゴランド、サンリオ・ハローキティタウンなどを誘致した。

しかし、このプロジェクトは仕切りが悪かった。

おおよそすべてが当初の目論見通りにはいかなかったため、現在は作戦を変更。リタイアしたシンガポール人や中華系移民を受け入れて人口と消費を増やし、マレーシア経済を少しでも活性化させることを目的とすることに変えたように見える。アジアでは人口を増やすことが手っ取り早く経済を活性化する切り札だと信じられている。それに沿ったリカバリ・プランだろう。

では、リタイアした移民をどのような仕組みで受け入れるのだろうか。移民に慣れない日本の読者には説明が必要だろう。

じつは、中国人の多くは、資金さえ許せば中国よりも空気がきれいで生活の質が高い、国外で老後を迎えたいと考えている。中国のアッパー・ミドル層では、超富裕層しか受け入れを許さないシンガポールには手が届かなかった。その点、マレーシアは地理的にも近く、予算感も手頃であり、彼らにとっては「手の届く」老後の移住先なのだ。

イスカンダル・プロジェクトは、当初に描いた青写真のような華々しい完成を迎えることはないだろう。開発規模は大幅に縮小されるに違いない。

それでも、移民受け入れプロジェクトとして開発が進んでいる「フォレスト・シティ」のように、好景気のシンガポールや中国からあふれ出た、人や金を受け入れるという目的においては、一定の成功を収める可能性はあるだろう。

これらの国策プロジェクトのように、日本にも世界に向けて発信できる夢のある先進的なプロジェクトが必要だ。

日本の過疎地にはドバイのような挑戦が必要なのだ。

2025年、「アジアの注目都市」には、東京とならび鳥取県がランクインする。鳥取砂丘に日本版ドバイを作る計画が承認されることになるだろう。

地方主導で魅力的な開発プロジェクトを

じつは、日本でも昭和の時代には、過疎地発の画期的なプロジェクトが存在した。

秋田県の八郎潟干拓は日本の産業史のなかでも面白いプロジェクトだ。

教科書にも載っている通り、広大な湖を埋め立てて、田んぼを作り、あきたこまちの大規模生産工場にした。

日本各地で細々と行われている小規模な稲作は効率が悪い。広大な農耕地を大型機械でサクサクと耕作して、日本人の主食を効率良く大量生産しようというプロジェクトだ。

初期は、県外から入植者を募ったそうだ。というのも、八郎潟近辺にもとより住んでいた農家は、地盤の悪さを懸念してか、あまり興味を示さなかったらしい。

筆者の空想に過ぎないが、第一団が挫折したディストレスト（行き詰まったプロジェクトの経営権など）を安く拾った地元民もいたのではないか。

昔から、**情報の非対称性とディストレストは利益の源泉**だ。

さて、県外から一攫千金を夢見て新天地に入植した移民たち。地元民の予想通り、最初は苦難の連続だったようだ。

だが、国からは1ユニットあたり15町歩という広い耕作地を与えられ、15年ほど地代を払い続ければ土地は自分のものになるという「おいしい」約束もあった。

これが現在では、1ユニットあたり年間売り上げ2000万～2500万円、手取りは1000万円にもなる高利回りの耕作地に化けている。

さらに、いまこの土地を売れば1億円を超える現金を得ることもできる。

大潟村の所得や資産は、東京の高級住宅街にも匹敵する。そのため、村の家々は広くてこぎれいで、たまには高級車が駐《と》まっていることもある。

大潟村の干拓記念館には、その成功への軌跡が展示されている。

昭和の高度経済成長期までは困難が続いたプロジェクトであったことが読み取れるが、平成元年くらいからは村にエンターテインメント施設を増やすなど、計画に余裕が見られる。

また、1997年（パソコン黎明期）には、すでに村に独自のインターネット網が導入されたようだ。この頃には、すでに予算が余っていることがうかがい知れる。

干拓プロジェクトは利益超過となり、昭和のうちに成功を収めて現在に至るわけである。

このような魅力的な国策プロジェクトを再び地方が作るべきである。

東京から引っ越してでも勝負したくなるような挑戦的プロジェクトを地方経済の原動力にできれば、それが一番良い。

人は経済合理性のある選択肢を選ぶ。儲かりそうな話が転がっていれば東京からも多くの人や企業が拾いに来るだろう。

現在、隆盛を極めるビットコインを採掘するためにコスト（電気代）の安いアイスランドまで行く、という話すらある。

ビットコインなどよりも、地方創生プロジェクトに投資妙味があると思えればいいのだ。福島の復興しかり。地方はすぐに賑やかになる。

なぜ八郎潟時代の昔の日本人にはできたことが、いまの日本人にできなくなってしまったのだろう。

「結果平等」「少数意見より多数決」「戦わない」「博打を打たない」「コンプライアンス」。このような社会の常識ともいえるキーワードを再考するときが来ているのかもしれない。

第2章　〈情報技術〉のゆくえ

1、［2025年のスタートアップ企業］渋谷のビル街の栄枯盛衰

渋谷のスタートアップ企業ブーム

2013年以降にバブルとなったベンチャー投資。

世界的なカネ余りと金融市場の低利回り化を背景に、金融機関や上場企業は、スタートアップ企業と呼ばれる若者たちに億の単位で資金を提供した。

出資とは、融資とはことなり、事業が成功すれば数十倍もの配当が付いて戻ってくるが、失敗すれば紙くずになる類の投資だ。

そのため、**投資する側は、玉石混交のベンチャー企業をふるいにかけ、ダイヤの原石を見つける。それが最大にして唯一の仕事**であるともいえよう。

出資を受ける側のスタートアップ企業とは、どのようなものであったか。ユニークにして独創的であるはずの彼らには、じつは、多くの共通点がある。

社長は、決まって高学歴で、ネット系企業を渡り歩いてきた30歳。伝統的な大企業の役員

とも交流がある。どこの会社でも幹部候補として認められた出世頭だ。

彼らは必ず、マック・ブックを持ち歩く。ウインドウズＰＣは古いＩＴの象徴だ。そして、お気に入りの情報源は、スタートアップ企業の近況がレポートされている「テック・クランチ」。ここでは、同業が「何億円を調達」「大企業と業務提携」など、夢と焦りの両方を感じるリリースを見ることができる。


さて、東京ではスタートアップ企業の多くが渋谷に集まっていることをご存じだろうか。ここに集まるスタートアップ企業のオフィスは、グーグルなどの「シリコンバレー・テック企業」と呼ばれる会社を模してデザインされている。

経営理念は、どこも同じだ。

「わくわくとドキドキを多くの人に提供したい」

一見すれば、収益を追求することが目的であるはずの私企業とは思えない、抽象的な経営理念だ。

だが、頭の切れる起業家たちが無意味な文字列を理念として掲げるはずはなく、これにも理由がある。

せっかく大学でプログラミングを勉強したのに、大企業に入って下積みを重ね、専門性とは関係のない仕事をさせられる「ニッポンのサラリーマン」というシステム。意識の高い若者たちは、それを定年まで続けるのは、始める前から時間の無駄だと思っている。

スタートアップ企業の経営理念は、そのような意識の高い若者に「刺さる」ように設計されている、彼らに向けた求人メッセージなのだ。

つまりは、「あなたの本当にやりたいことは何ですか？　うちの会社は、会社というよりもチームです。旧態依然とした大企業とは違って、キラキラしていて毎日楽しいですよ。稟議書もありません。ここで働けば、お金は得られませんが、満足感という報酬が得られます」という表現をキャッチコピー化したものなのである。それはときに宗教のようでもある。

このようにして、創業者のちょっとしたアイデアから始まった**スタートアップ企業は、有能な若者たちを、その市場価値以下の安価な給与で仲間にして規模を拡大していく。**

満足感を得るために、楽しいから働く。単身世帯ならではの若者らしい働き方もいいだろう。会社に併設のバー・ラウンジで、仲間と未来について語り合うのは楽しい。

だが、じつは、それでは、スタートアップ企業の社長と同じ船に乗って、同じ未来をシェアすることはできないことに気づかなければならない。**チームのメンバーがいないところで、社長はまったく違うことを考えているのだから。**

キラキラした経営理念の裏にギラギラした別の夢

「うちのサービスは、本音をいえば、それほど新規性はない。いくつか考えたビジネス企画のうちのひとつに過ぎない。だから10件の企画を作って1回ホームランが出れば十分だ」

「いまはベンチャーキャピタルからの調達がしやすい。実態は稚拙でも、プレゼンさえうまくできれば……」

「利益が出るモデルは思い浮かばない。ただ、ユーザー数が増えれば、うちの事業ドメインに近い大手に会社ごと売却するという出口もある。出口は最低でも10億は狙いたい」

社長の本音は、じつはキラキラしていないのである。

これは当然のことで、若手社長のあるべき姿かもしれない。

若くして年収1000万円を超える評価を得た優秀なプレイヤーが、優良企業での出世を放棄して事業の立ち上げに取り組んでいるのだ。

夢と希望だけで、会社を飛び出すはずがない。

いまのＩＴサービス立ち上げは、15世紀の大航海時代と同様に、インターネット空間上に新大陸を発見し、上場の名声と一攫千金を同時に狙える。

彼らのキラキラした経営理念とは相反する、ギラギラした別の夢がそこにあるのだ。

若手社長たちの狙いの半分はそれだ。もちろん、自ら掲げた理念も半分は信じている。だから彼らは二枚舌で会社を運営できるのだ。


人は本来的には欲に動かされる生き物だ。このような欲のためにスタートアップすることは悪いことだとは思わない。何もしないよりははるかにいいだろう。

新規性のない新サービス

それよりも、問題なのは彼らが「サービス」と呼ぶウェブサイトの中身だ。

「いままでのサービスは画像しか出なかったがうちは動画で学べる」

「人工知能に関連したまとめサービス（だが人工知能の技術開発はしない）」

「効率的に広告を表示して購買に誘導できる」

そのサービスとは、情報のまとめ、広告宣伝、他人の手伝い、そして、既存プレイヤーのひっくり返しを狙ったものがほとんどだ。

このラインナップには、スタートアップ企業の存在意義に関わる根本的な問題がある。彼らのやっていることは、このように考えられないだろうか。

誰かが新しい料理サイトを作る。既存の料理サイトからユーザーが移る。既存サイトが廃れる。既存サービスの売り上げが新サービスに移る。

まるで、新しくできたパチンコ店が、駅前に古くからあるパチンコ店の客を奪いにいっているかのようだ。

日本全体で見れば、何も生んでいない。起業せずに、既存の料理サイトの会社に就職してもいいのではないか。

２０１８年の日本のネット産業を担う旗手たちの仕事の多くは、昔からの企業のシェアを奪って分けることであり、テクノロジーやネットの大海原で新大陸を発見することとはほど

遠い。

これは、起業家たちも投資家たちも、薄々は気づいている業界のタブーだ。

ばらまき投資の顛末書

しかし、出遅れを嫌う金融機関は、役員からの「よそもやっている。うちもどんどんやれ」という根拠があいまいなかけ声により、予算消化ありきで有象無象のスタートアップ企業への投資を乱発することとなった。

予算消化とはどのような意味合いであろうか。

金融機関の投資先のほとんどは、安全な貸出先への貸しつけや債券の購入だ。株や不動産を買うこともある。

しかし、それらの投資先に投資妙味のあるものがなければ、オルタナティブ投資と呼ばれる高リスク・高リターン投資を模索することもある。

本来、オルタナティブ投資は高リスクゆえに、投資先を厳選し、安い価格で投資口を買うべきだ。

しかし、この**狭いスタートアップ市場へ多くの投資家が参入すれば、すぐに需要超過となり、本来は「危ない」零細企業ですらも評価され、高値で取引されるようになる。**

スタートアップ企業の経営陣と頻繁に顔を合わせる現場担当者は、この投資がうまくいかないことに薄々気づいているだろう。

でも、経営陣も投資家も乗り気だ。現場もそれを担ぐしかない。

このようにして作られた渋谷系スタートアップとVC（ベンチャーキャピタル）バブルは2025年までに完全に終焉するだろう。

VC投資の多くは紙くずとなるはずだ。リリース時には多少の話題をさらったが、少額を投資するアプリ、割り勘アプリなどは「意識の高すぎる人」たちの机上の空論に過ぎなかったことに気づくことになる。

銀行系VCは、よく分からないベンチャーに出資したことを反省して減損処理に迫られる。

それに加えて、大手企業の海外買収案件も多くは減損を迫られるだろう。余った金をとりあえずどこかに入れればいいというものではない。

かくして、頭が良くて機動力があり、お金があれば誰でもできるネット上の企画は評価されなくなっていく。

無料コンテンツ作成で大量集客。広告収入やヘビーユーザーの有料課金。このようなモデルは過去のものとなり、近い将来、コンテンツ至上主義が終わる。

グーグルクリック広告[6]の単価暴落ショックというイベントを挟む可能性もあるだろう。

スタートアップ企業に共通している本当のビジネスモデル

「うちのサービスは、本音をいえば、それほど新規性はない。いくつか考えたビジネス企画のうちのひとつに過ぎない」

「だから、この企画がうまくいかなければ早々に会社をたたんで、次をローンチ（事業立ち上げ）させたい。10件の企画を作って1回ホームランが出れば十分だ」

このようなつぶやきは、昼間にオフィスで夢を語っているときのＣＥＯからは、聞くことのできない本音の部分だといえる。

だが、社長たちが集まる会合などでは、時折耳にする本音であろう。

彼らは、渾身の一滴となるまで考え抜いて確実にヒットを打つよりも、「数を打てば当たる方式」を選ぶ。

いまのスタートアップ企業で、最も良しとされているのが、早く、安く、サービスを立ち上げ、数多く打席に立つことだ。

まさにロケットのような速度でビジネスを展開していくので、「ロケット・インターネット型サービス」とでも名づけよう。

提供するコンテンツは、海外ですでに流行っているものでも、社長の思いつきでも何でもいい。

いずれにしても、立ち上げたサービスの市場で、早期にトップの座を獲得するのが命題だ。一度、サービスが市場で認知されれば、ユーザーは勝手に増えていく。

あとは爆発的にユーザー数が増え、ヤフーなどのように確固たる地位を確立してしまえば

6　グーグルの提供する「アドセンス」と呼ばれるネット広告のこと。来訪者数の多い人気サイトに広告を貼りつければ、それがクリックされるごとに広告料がもらえる仕組み。会員登録せずとも誰でも見られるコミュニティサイトなどは広告収入を目的として運営されているものが多い。

勝利だといえる。

ところで、なぜ、スタートアップ企業では、数を打てば当たる方式でホームランを目指すことが良しとされるのだろうか。

その理由は簡単だ。

いまのコンテンツビジネスは、アイデアと人間だけいれば、すぐに「立ち上げ」できる。そして、どれが当たるかなど「神のみぞ知る」なのだから、深く考えているあいだに、ひとつでもたくさん作ったほうがいいということだ。

じつは投資する側も、どれが当たるかなど、そう簡単には予想できないため、多くのスタートアップ企業に少しずつ分散して投資するのが主流となっている。

ゲームや書籍もそれに近い作り方はできる。

だが、悪い認知が定着することを恐れて、それなりの完成度で作り上げるのが一般的だ。

一方、ウェブサイトはなくなってしまえば、運営者が誰であったかなど覚えているユーザーはいないので、中身のないサービスを立ち上げても、その評価はゼロ以下にはならない。

２０００年代のビジネスのテーマは、「顧客満足」「コンサルティング営業で顧客の声を聞け」「付加価値の提供」「従業員満足」「社会貢献」など、丁寧なやり方をたどってきた。それに比べれば、現在のスタートアップ企業のやり方は、随分と短絡的に思える。

スタートアップ企業の経営者は、「スケールする」という言葉を好んで使う。

顧客の声を聞いて御用聞きをするよりも、こちらからモデルを提示して、それに客が食いつくかどうかを試したほうが効率が良いというわけだ。

相手に合わせるよりも、自分のスタイルを多くの人に支持させるように持っていくのだ。

そのようなやり方で、年に１件でも当たればとてつもない額のボーナスが支給されるわけだ。

いうまでもなく、渋谷系スタートアップのＣＥＯたちにとってのボーナスとは、上場ゴールという言葉がある通り、上場して社会的地位と莫大な財産を手に入れることである。

ベンチャー企業の社員はライフスタイルも冒険的である

では、そこで働くチームメンバーはどうだろう。

ある有名テーマパークで踊るダンサーは、30歳までにはそのほとんどが現場を去ることになる。一部メディアでは、「やりがいの搾取」と批判的な報道もあった。

ダンサーは、その華やかなイメージとは裏腹に、常に雇用不安を抱える高リスク職業なのだ。

スタートアップ企業のメンバーの立ち位置は、それと似ている。

結婚して子ども二人を私立の学校に通わせたければ、生涯に2億〜3億円ほどは必要だといわれている。「お金よりもやりがい」を理念に掲げるスタートアップ企業であるがゆえに、高給を求めるのは簡単ではない。

生活を安定させるには、早くその企業を上場させ、ストック・オプションを換金するのが一番だろう。

そして、将来的には大企業の子会社となることを祈り、そこで管理者のイスに座り、老後まで逃げ切ることを願うしかない。もしくは、常に転職市場で高評価される実力を養っておくことだ。

ベンチャー企業はその名の通り、そこで働く人たちのライフスタイルも冒険的であること

を強いるのである。

しかし、それに気づいているメンバーは多くないのではないか。

スタートアップ2・0は「技術でつくる」がテーマ

２０２５年。ネットの片隅に誕生したこれらのスタートアップ企業の99％は「404 not found」（ネット上から消えたことを示すエラー）を表示することとなるだろう。中身のないサービスが支持を集め続けられるほど大衆は愚かではない。

まとめサイト、管理アプリのような新産業の周辺事業ではなく、ど真ん中のコアな部分で戦える起業家を育成しなければならないことに、みなが気づいている頃だろう。

国内産業の振興が役目である経済産業省も、それを見通して方向転換を図るはずだ。技術的に意味があり、人類の進化に貢献する「本当のベンチャー」を育成することが国家的な課題になる。

世界を見渡せば、「コアな産業になり得るビジネス」は多くはないが少なくもない。

エレクトロニクスの業界紙から流行のテーマを拾い上げただけでも、多くの新分野を見つけることができる。

たとえば、発電所と水だけあれば資源を製造することができる植物工場。長寿命化や若返りを実現する医療技術やＤＮＡ治療薬。３Ｄプリンタで作る人工臓器。

全固体電池はリチウム電池の弱点を克服して高い性能を持つ。モバイル機器はさらに速く、小さく、長持ちするようになるはずだ。

印刷機で印刷して作る安くて高性能な半導体メモリ。近い将来、電源を切ったら内容が消えるメモリはなくなるだろう。

スパコン分野では脳や人体のシミュレーター。

これらのように、**技術的革新をともない人類の進化に貢献する事業、そして、日本の主要産業として擁立できる可能性のある事業が評価される時代が来る**だろう。

次世代を担う基幹産業の詳細については１２５ページで紹介している。

「つなぐ」「まとめる」に慣れた日本の起業家たちに、これらの理工学的なアプローチでの「ものづくり」を中心に据えた新産業を浸透させることは、簡単ではないだろう。

しかし、これらは日本が先進的な工業国であり続けるために必要なことだ。

それに対応するため、教育、就活、働き方、インフラ、日本の主要産業など、多くのものが2025年には再度、変わることになるだろう。

日本のベンチャーシーンも再び転換点を迎えるはずだ。スタートアップ企業の再定義、もしくは、スタートアップ2・0のはじまりだ。

【コラム】会社員の働き方と事業家の仕事の違い

大企業に勤める社会人たちは、多方面で均等に能力がなければ生きていかれない。

それは、そこに至るための試験を見るだけでもよく分かるだろう。

国語、数学、日本史、物理、化学、英語、それぞれで90点を取らなければ試験を通過できないわけだ。

さらに、社会人として仕事をするには、朝7時に起きられなければならない。上司とうまくコミュニケーションをとらなければ出世できない。

社会で生きていくには多様な能力が必要なのである。

そのため、学校教育もそれを目標として、均等に能力を伸ばすようにしている。苦手な科目があれば、最後まであきらめずに頑張って成績を上げる必要がある。足キリされないために。会社から追い出されないために。


一方、**事業家（起業家、経営者）は、何かひとつだけできればOKだ。**

実際、国語0点、数学0点、物理も化学も一般常識も0点。唯一、政治経済だけ100点のようなプレイヤーは多い。

センター試験では政治経済の試験科目としての価値は低い。多くの大学では政治経済を選択科目として認めていないからだ。

それゆえに、簡単なので少し頑張れば誰でも高得点が取れる。そんなマイナー科目を履修していても、合計では1000点だ。


次は、この試験の点数を売り上げだと考えてみよう。

優秀な大企業のサラリーマンは5科目すべて90点だとして、計450点。事業家は計

１０００点だ。たとえば１点を１万円と換算したとして、４５０万円と１０００万円になる。

難易度の高い、物理と化学をＷ履修で均等に90点を出してくる**バランスの取れた優秀な社会人よりも、マイナー科目で楽々と高得点を刻む偏屈な人のほうが儲けが多い**ことが分かるだろう。

なぜこれが成り立つかといえば、ビジネスの成果は最終的にお金という定量的なものに帰結するからだ。

お金は差し引きして損益通算できるので、不得意なことはすべて捨てて、一点集中することが許される。お金に色がないとはそういう意味だ。

試験と違って不得意分野での足キリはなく、トータルでお金の勘定がプラスになっていれば誰も文句を言わないわけだ。

そのため、**事業家や投資家なら、苦手なことは努力して改善するよりも「やらない」べき**である。

投資と同様に、傷は浅いうちにやめたほうがいい。苦手なことを頑張れば傷が深くなるだけだ。だめなら放棄すればいい。

最後まで精一杯頑張る必要はなく、そんなことをしている暇があったら、得意分野でプラスを増やすのが合理的なのだ。

苦手分野で稼いでも得意分野で稼いでも、どちらも同じお金であるからだ。

このように、企業でまじめに働く面々と、事業家は、点数の稼ぎ方がまったくことなる。

そのため、事業家が手っ取り早く高得点をたたき出すには、とにかく打席に立ち続け、満塁ホームランを狙い続けるのが効率的だ。０点が何度出てもよい。一度だけ１０００点を出せば合格なのだ。

さて、話は変わって番外編となるが、世の中には驚くべき利益の上げ方もある。ＦＸデイトレーダー投資家の稼ぎ方はさらに特殊だ。

デイトレは、例えるならば一日中パチスロを打っているギャンブラーのようなものだ。ときに、一日の取引回数は数百回を超える。

パチスロは娯楽であり、遊び続けていれば勝てるはずはない。客が勝ち続ければ店は潰れてしまうからだ。そう考えるのが常識人の正しい考え方だろう。

しかし、実際にはパチスロのギャンブル性は低く、統計確率論で動く機械に過ぎない。**払い戻しの期待値が100%を超えるスロット機ならば、一年中それを打ち続ければいつかは必ず勝てる**のだ。人を雇って打たせてもいい。

FXのデイトレでは、それと同じ理論が成り立つ。

完全にランダムのように見える、極めて短期のチャートの動きを自分なりに分析し、51%以上の確率で勝てると思うパターンが出たら毎回必ず勝負する。

負けることもあるが、期待値は100%を超えているため、長い目で見れば必ず利益が出る。仕組みはパチスロの確率論と同じだ。

しかし、一回の博打で打つ金額を自分で決められる点は、パチスロとは違うところだろう。

数億円単位の賭け金を張り、毎日、数百回もの取引を繰り返すデイトレーダーは多数いる。

1回の利益は数億円の賭け金に対して、たったの1万円。だが、それを数百回繰り返して、1日、数百万円の利益をコンスタントに続ける達人もいる。

先の例でいえば、試験科目を大量に受験するタイプのプレイヤーだ。それぞれの試験では合格最低限の点数しか取れないが、累計で1000点をたたき出す人たちということになる。しかも、その試験の受け方は、マークシート試験では統計的に2番目の選択肢が解答となることが多いため、毎回、2番をマークし続けるというものだ。

世の中には、さまざまな点数の稼ぎ方があるものだ。

2、［2025年の花形産業］まとめサイトは終わり理工学ベンチャーへ

日本を追い越していったアジアの発展途上国

昭和初期、我が国は繊維や製鉄などを主要な産業として成長し、1970年代以降は電子立国として、モノ作りのニッポンを世界に知らしめた。バブル期には、ニューヨークの象徴であるロックフェラー・センターを買収するなど、我が世の春を謳歌する。

そこまでは良かった。

筆者を含め、この記事の読者の多くは、バブル崩壊後の平成の時代に社会に出た世代だろう。

ご存じの通り、バブルの後始末は凄惨なもので「失われた20年」という言葉がまさにふさわしい。その後遺症により、好況といわれる２０１８年でも、いまだ不況マインドが定着している。

ところで、平成不況で日本が苦しんでいるなか、諸外国が何をしていたのかをご存じだろうか。

筆者が渋谷系ＩＴスタートアップを肯定しない最大の理由はここにある。

じつは、筆者が古くから関わっている**エレクトロニクス業界においては、いまや日本の存在感は大きくはない**。

20年前に日本のお家芸だったパソコンや家電は中国に仕事をとられ、10年前に得意だった携帯電話、半導体メモリや液晶のシェアは韓国にとられている。

たとえば、パソコンやスマホの心臓部の部品であるＣＰＵのような高度な半導体の製造は、いまでは（米国と並び）台湾が世界最先端だ。

日本の時間が止まっていた過去30年。その間の台湾の躍進はめざましいものがある。彼らはもはや、バナナを育てて屋台で火鍋を売っている発展途上国ではない。

中国、韓国、台湾に共通しているのは、新産業の擁立を国策として推進していたことだ。

中国Huawei[7]、韓国サムスン、台湾ＴＳＭＣ[8]などが、純粋で自由な民間企業だと思っている関係者はいない。

これらは間違いなく、各国の未来を担うべく、国の肝いりで育てられてきた企業だ。

そのため、外国の競争相手からすれば不公平、もしくは違法に近い、過剰な国の支援があったかもしれない。

一方、日本では、企業は平等に「民間の業者さん」として扱われ、支援といえば、補助金や法人減税程度だろう。アジア諸国の国策企業が受ける優遇策とは次元が異なる。

その結果、これらのアジア企業が、日本の基幹産業を駆逐していったことは事実だ。

このような、お国の一大事にもかかわらず、経済産業省が無策であったことは非難されるべきだろう。

いまでは、中国、韓国、台湾の新興企業は、カンボジア、フィリピンなどアジアの出遅れ国にも駒を進めている。

アジアの競合企業が、日本からのＯＤＡ（政府開発援助）で発展途上国に作られた橋を無料で通り、物資を納品して利益を得ていると思うと、複雑な気持ちになる。

アジア企業は、日本がＯＤＡで作った橋を通って日本を追い越していった。

海外に旅行に行って「日本より進んでいる」という言葉を聞くことも増えた。言っている本人は「世界最先端の日本」という、上からの目線で見て「発展途上国なのに頑張っている」という気持ちなのかもしれない。

本書でも「アジア人」と記す際には日本人を含めていない。日本はアジア諸国とは一線を画する先進国であり先端技術者集団だからだ。

7　中国 Huawei（華為技術）は携帯端末市場で急成長する通信デバイスの巨人。

8　台湾ＴＳＭＣ（Taiwan Semiconductor Manufacturing Co., Ltd.）は世界の半導体チップの半数以上を製造している電子デバイス世界最大手。

しかし、それはいまとなっては必ずしも正しくない。特定分野ではアジア諸国が日本よりも大幅に進んでいるのが現実だ。

たとえば、台湾TSMCを超える半導体企業は日本には存在せず、これからも現れないであろう。

先端技術だけではない。日本の中堅企業程度で作れる製品は、アジアのメーカーでも間違いなく作れる。

モバイル機器、液晶モニタ、プリンタ、ディスク、通信機器など一見すれば、ハイテクと思える機械は、いまではアジアのどこの国でも作ることのできるコモディティ（一般的になって付加価値がなくなるもの）だ。

そして、**コモディティ分野では日本よりアジア諸国のほうが圧倒的に強い。安くて必要最低限の製品を作る力は、日本よりアジアが強い。**

つまり、ここに日本人が入り込む余地はなく、仕事はないわけだ。

日本製品不要論の衝撃

筆者は、東欧諸国に旅行に行ったときに日本車をほとんど見かけないことにショックを受けた。それ以外にも東欧の国々で日本製品を見かけることは多くない。現地では、韓国製やトルコ製は多く見かけた。

「日本製品なしには成り立たない」そのような現場は、いまやほとんどないのかもしれない。かつては、先端製品は日本でしか作ることができない。日本人の繊細さが複雑な製造工程を支えている——このような点で、日本人は価値を提供することができた。

しかし、いまでは、多くのハイテクで複雑な製品が、技術の進化により誰でも作れるモノになり、アジアでも必要十分な精度の製品が作れるようになったのは先述の通りだ。

アジアとの価格勝負で日本に勝ち目はない。

日本陣営が価格以外に意味のある、付加価値を提供できなくなったともいえる。

2000年以降に日本人により追加された付加価値といえば「自動ECOボタン」「テレビでネットが見られます」「画像くっきり回路」このような、一度も使ったことのない無駄な機能ばかりだった。

そのうえ、それらの機能は精度が悪く、自動補正機能を使うと、うまく最適化されない。

そのため、家電を買ってきて、はじめにするのは付加価値機能を「OFF」に設定することだ。

日本人の「付加価値力」が弱まったのはなぜだろうか。

これにも理由がないわけではない。

ひとことでいえば、デジタル機器の規格化の波にのまれたからだ。近年では、ＵＳＢ規格準拠の機器に代表されるように、多くのデジタル機器は製造メーカーを気にせず、すべての機器と接続することができる。さらに、日本製品を国外に持っていっても、そのまま使える。世界共通規格のおかげで機器の汎用性は高まり便利になった。

しかし、それは同時に付加価値を排除することにつながった。独自の機能改良を施して「規格外」となってしまうと、規格化された機器との相互接続ができなくなってしまうからだ。

そのため、一度、規格が決まってしまえば、相互接続性を確保するために、基本的には誰が作っても出来上がりは同じになる。作り手ができることは、心臓部とは無関係の箇所に、ちょっとしたおまけを付けることだけだ。

規格化というエレクトロニクス業界の新しいルールにより、日本が得意の「高品質」や

「ひと工夫」で優位性を確保できる現場は減ったといえる。その一方、アジア勢が得意の「必要十分な品質で低価格」な製品がシェアを伸ばすことになった。

さらには、日本の産業界の最後の砦ともいえる自動車も岐路に立たされている。こちらは、技術構造の変化という別の課題が逆風となっていることに頭が痛い。フランスと英国では２０４０年までにガソリン車の販売を全廃させる目標を掲げた。そのような流れはみなが想像していたものの、具体的な期限が決まったことには意味がある。ガソリン車からＥＶへの転換が十分ではない日本の自動車業界にとっては、まずいニュースだ。

ＥＶ分野では、米テスラなど、自動車をガソリン車の作り方ではなく、コンピュータパーツの組み合わせで作る先行メーカーがすでに存在する。

そのような作り方では、トヨタの培ってきた秘伝の製造方法も通用しない。

米国主導でＩＴ技術の粋を集めた自動運転も始まろうとしている。

この分野では、トヨタですらも出遅れ感があるといえるだろう。グーグルやエヌビディアなど、いままで異業種といわれていた、世界トップクラスの強敵との戦いとなることは必至だ。

もはや、前例がないなどと言っている余裕はない。トヨタ車がいつまでも世界中を走り続ける保証はなくなったのだ。


じつは、未来の日本には、世界を相手に担当できる産業がほとんどない。

もちろん、まったくないわけではない。ベアリング、カメラ、光学機器、エレベーターなどは、日本製が強いだろう。

しかし、それらはあまりにもニッチだ。


2025年には、日本製品が減り続ける世界で日本不要論が台頭するかもしれない。一方、好景気に沸く台湾や韓国では、人手不足により日本人エンジニアの募集枠を拡大するだろう。日本生まれの高度な技術を奪うため、高給を提示して技術者をスカウトすることもあるはずだ。アジアに出稼ぎプログラマーとして常駐する日本の若者が増えることも考えられる。

しかし、過酷な環境に耐えられず、すぐに戻ってくるのは間違いないだろう。技術の中身だけ吸い取られて捨てられないことを祈るしかない。

資源はもともとない。世界中で賞賛されているとはいえ、アニメやゲームでは規模が小さすぎて１億人が食べていくには至らない。労働生産人口も減るため規模で攻めることは難しい。

八方ふさがりの環境で、これからの日本の産業界がとるべき起死回生の選択肢はひとつしかない。

１対ｎ産業で日本の製造業は再び輝きを取り戻す

シムシティというゲームをご存じだろうか。

限られたマップ（地図領域）のなかで街の市長となり人口や収入を増やしていくゲームだ。**いまの世界経済は、シムシティでいうと、アフリカと宇宙を除けば、おおよそ開発し尽くされた余白のないマップ**だといえる。

日本列島だけを見れば、なおさら余白はないように見える。

マップに余白があるときは、どんどん建物を建てて移民を入れれば経済規模が大きくなる。**人数が多ければ、たくさん食べ、たくさん買い、たくさん遊ぶため、それが成立する。20世**

紀の産業と経済はそのような構造だっただろう。

しかし、ひとたびマップに余白がなくなればどうなるだろう。

じつは、シムシティでもこのタイミングでゲームを投げ出すプレイヤーが多い。物量戦以外の方法を考えなければ、それ以上の発展はなくなり街の開発を楽しめないからだ。

しかし、それは簡単なことではない。


現実世界においては、この問題を投げ出すわけにはいかない。

解決法は2つだろう。

単位あたりで稼ぐ利益の密度を上げるか、マップ外で収益を上げるかどちらかだ。

内需依存にもかかわらず、人口が減り続ける日本で物量戦はできないとするならば、外から稼いでくるしかないだろう。

逆にいえば、**いままでと同じ生活水準を維持したければ、国内で人口や消費が減った分のマイナスを、国外で稼いだ利益で埋めなければならない**というわけだ。

そのためには、人口に比例して成長するのではなく1対nで世界から課金できる仕事こそ模範解答となる。**1対nで世界を相手に販売できる製品を増やすことが、日本経済が生存するための最重要課題**なのだ。

世界を見れば、インテル、フェイスブック、サムスン、ファイザー……いずれも、世界で通用するモノやサービスを少人数で作って世界50億人に売る仕事だ。

極論をいえば1対50億のビジネスだといえる。

そのため、このようなビジネスモデルは自国の人口減少に影響されることなく外貨を稼ぎ続ける。

日本もこれらの企業のように人口依存型のビジネスモデルを変えるべきだ。

この産業構造変化を実現するには、いままで紹介してきたアジアのエレクトロニクス企業のような国策企業を作ることが不可欠だ。

経産省ほか国として、ひとつの分野に資源を集中し、必ずしも公明正大な方法だけでなく、国家としてできるすべてを尽くして、新産業を擁立することが必要だ。

その方策は次の項で説明したい。

ところで、日本の統計上は、金融、不動産、サービスなどがＧＤＰの多くを占めるため、ソニーやトヨタのような製造業よりもサービス業を振興すべきと思いがちだが、それは正しくない。

サービス業は何らかの基幹産業の上に成り立つものであり、単体で存在することはできないからだ。これは、不動産や銀行員などサービス業従事者の物理的な行動を追ってみれば分かりやすい。

お金という観点を抜きにして考えれば、彼らはパソコンにデータ入力をするだけの仕事だ。彼ら自体は何も生んでいない。別の産業がなければ何の意味もない仕事なのだ。

やはり日本には、外貨を稼ぐために商品力のある製造部門が必要だ。そして、それを基幹産業として擁立する国策が求められている。

国の主導で、再び「日本株式会社」を作る必要があるといえる。

新産業擁立の特命チーム

２０２５年。アベノミクスバブルが落ち着き、改めて今後の日本を見つめ直すと、前に進むための原動力がないことに気づく。

アベノミクス時代に掲げた「国土強靱化基本計画」により公共インフラの再整備に資金が投下され、一時的な下支えにはなるものの、前向きな投資ではないことは誰の目にも明らかだ。

そのため、政府は今後50年のあいだ1億人が食べていくための新産業擁立のために、特命チームを作るだろう。

問題はロケット・インターネットとはことなり、国の基幹産業ともなり得るビジネスは一朝一夕には作れないことだ。ましてや、どの産業が当たるかなど誰にも分かるはずがない。

現実的には、足下の整理から始まるかもしれない。**国内勢同士で競い合って消耗している企業を合併させ、外に目を向けさせることだ。**

たとえば、ソニーとパナソニックが合併するだろう。

それは、日本の産業の存亡を賭けた国策プロジェクトだ。そこには当然に国家の力が存在するはずだ。

だが、自由競争や財産権との兼ね合いもあり、その圧力が表に出ることはない。

富士通、ＮＥＣ、ＮＴＴデータ、沖電気など官需組もまとまるだろう。

役所の仕事ばかりしている企業は、富の再分配という点では役立っているが、準公務員といってもよく、時代とともに縮小する必要がある。

ほか、コピー機や中小企業向けソフトなど、技術的な参入障壁の低い、枯れた商材を取り扱う企業もコモディティ化の波にのまれ、単独では存在が難しくなる。

２０２５年にはいまとは違う会社名を冠しているのではないか。

国内勢同士の戦いで疲弊している産業の代表格である、信用金庫や地方銀行、保険会社はいうに及ばず再編が進む。

自動車のガソリン・フリー（電気自動車化）が当たり前になれば、中堅自動車メーカーのいくつかは、構造変化に取り残され、合併を余儀なくされるだろう。

２０２５年の日本は、いまよりも無駄な経済活動は減りシンプルになっているはずだ。そして、合併した企業は海外の方向を向く。幾分かシンガポール的になるだろう。

ニッポンの新しい基幹産業5選

２０２５年の日本は新基幹産業として何を擁立したのだろうか。

２０２５年以降の新基幹産業の１つ目は１０４ページでも挙げた植物工場だろう。これは、農業の担い手がいなくなる日本には都合の良い新産業だ。現在、すでに工場で生産されているレタスなどの葉ものだけでなく、２０２５年には、米や小麦、ジャガイモなどの主要食物にも、その道が開けるようになるかもしれない。

水と設備と電気だけで収穫が得られる点はビットコインの採掘のようでもある。もちろん、植物育成用ＬＥＤ照明の性能比較サイトのようなものではなく、大量生産に直結する、ど真ん中の研究開発が必要だ。

そして、生産物の流通面ではＪＡ（農業協同組合）との調整も必要だが難航は必至だ。これは政府のトップダウンで命令していくしかないだろう。

２つ目は、建設機材の輸出。

未来の低価格アパートは巨大な３Ｄプリンタで作られ、鉄骨の組み上げはロボットが行うことになろう。

レゴブロックとアーム付きのロボットがあれば、部品を自由自在に組み上げてオモチャの家を作れることは想像できるだろう。

ならば、実際の建築現場で使われている鉄骨でも原理は同じだ。

このような製造装置を世界中の建築現場に輸出すればいい。そうすれば、国内の不動産市況に影響を受けることはなくなる。

日本が世界に誇る耐震技術は「TAISHIN」と英語化されて、高く評価される日が来るだろう。

じつは、3Dプリンタで作られた建物は、小規模ながらすでにドバイに存在する。あり得ない未来ではないはずだ。


3つ目は、自動運転用のインフラ整備という官需だろう。

現在の自動運転技術は、自動運転1・0ともいえる原始的なものだ。走行する道路には何の仕掛けもなく、自動車側に自動認識のための装置をすべて盛り込んでいる。

それでは仕組み上、複雑になりすぎて誤認識や予期せぬ事故は避けられないだろう。

エヌビディアの画像認識チップを搭載した車だけが走っているならばいいだろう。しかし、他社製のバグを含む機器や、想定外の無謀な運転をする人間と同じ道路を走るには、膨大なパターンの学習が必要だ。

これでは、人々が思い描いているような、車間距離が極めて狭く、交差点で縦横無尽に車が交差するような自動運転はあり得ない。

自動運転で市街地を縦横無尽に走るには、道路にタグを埋め込むことが必須なのだ。海外の市街中心部を走るトラム（都電荒川線のような路面電車。自動運転のこともある）のレール部分を非接触のＩＣタグに置き換えるようなイメージだ。

これならば、走行ルールは大幅に単純化され、信頼できる自動運転が実現するはずだ。２０２５年くらいからは、道路インフラ側の自動運転対応が始まるだろう。自動運転２・０時代の幕開けだ。

４つ目は製薬だ。

20世紀の人間の死因は、なんといっても癌だった。癌の特効薬があれば先進国の平均寿命は１００歳まで延びるだろう。

筆者は、医学や薬学に関しては、まったくの素人だが、「遺伝子改変T細胞療法」と呼ばれる癌の治療法は画期的だと感じた。

じつはすでに、ノバルティスやギリアド・サイエンシズといった海外企業が治療1回あたり5000万円程度の値付けで癌の特効薬を販売しており、実際に多くの癌が治っているとのことだ。

いまは富裕層限定価格ともいえるが、将来的には誰でも使える価格に落ち着くのは間違いないだろう。

この高額医療のニュース記事を見て、筆者はひとつの類似療法を思い出した。

ナチュラルキラー細胞療法といって、もともと自分の体の中で免疫機能のある細胞を一度、注射器で吸い出し、それを人工培養して体に戻すものだ。

若いうちは多く存在した免疫細胞が加齢により減少するために病気になるが、それを体外培養で人工的に増やして体に戻せば、若いときと同じように病気に強い体を維持することができるという理論だ。すでに、日本でも一部の富裕層のあいだで流行っている。

もし、この2つの治療法が、ほぼ同じものであるならば、富裕層の健康に対する嗅覚は、なかなかのものであるといえよう。

病気の治療以外にも、アンチエイジングや若返りなども研究が進み、2025年の日本では、外観と年齢がまったく一致しない富裕層が増えるかもしれない。

5つ目は希望的観測を込めて宇宙開発だ。

15世紀の大航海時代では、航海の舞台は地球だった。20世紀にはそれがネット空間になり、21世紀は宇宙空間となる。十分にあり得る話だ。

限られた地球上の地図だけで経済を考えるから行き詰まるだけで、宇宙にまで手を広げれば、無尽蔵の資源獲得が視野に入る。

たとえば、宇宙空間に巨大な太陽光パネルを設置して、地球に無線給電で電力を送る（携帯端末の非接触充電と同じ原理）など、想像のつく範囲から実験を進めることになろう。

渋谷のスタートアップ企業のなかには、スペース・デブリ（宇宙ゴミ）を回収するベンチャーが誕生するかもしれない。もっとも、この頃には渋谷ではなく、つくば（茨城県）あたりが宇宙開発ベンチャーの主な拠点になっていることも考えられる。

2025年の基幹産業がこの記述の通りになっている確率はそれほど高くないだろう。産業の未来を占うのは株式投資で連戦連勝を続けるのと同じように難しい。

それでも、流れとしては当たらずとも遠からずだと筆者は考えている。

これまでのシナリオが正しいとするならば、**新基幹産業の育成は、渋谷のスタートアップ企業ではなく国と大企業の仕事**だ。

そこで、重要なのは国と民間が文字通り一体となり、人材的にも予算的にも膨大な資源をひとつの領域に集中してつぎ込むことだ。

それでも当たる保証はなく、かなり博打的だ。このような大きな賭けは、どこの役所でも大企業でも稟議が通らないだろう。

しかし、**博打の責任をとることを避け、ぬるま湯につかり続けていれば、2025年以降には、取り返しの付かない未来がやってくる**のは確実だ。

万難を排して、この大博打を成功させることが、日本が世界経済のなかで生き残るために必要なのだ。

３、［2025年のデジタル技術］人工知能と遺伝子情報で情報工学は神の領域へ

コンピュータが人間に代わり判断をする時代

かつて、コンピュータは定型処理を繰り返すことが得意とされ、人間に代わって大量の計算をしたり、製造現場でモノを作ったりしていた。

その後、コンピュータはネットにつながり、多くの人やモノがつながった。これにより何が起きたかは読者諸氏のご理解の通りだ。

これから先のデジタル技術はどのような進化を遂げていくのだろうか。

技術の進化を予想することは簡単なことではないが、筆者の知る限りの技術ロードマップを総合的に勘案して、現実味のある話の範囲で２０２５年のデジタル技術の着地点を占ってみたい。

まずは、現在、流行している技術の行く末だ。

２０００年代初頭から火が付いた人工知能技術は、２０２５年においては、おおよそ成熟

した研究分野となるだろう。その頃には、アプリケーションとして現場に落とし込まれるまで洗練されてきているはずだ。

コンピュータの役割には「単純な作業をこなす」のみならず「人間に代わって単純な判断をする」ことが追加されるだろう。

これにより、書類データの仕分け、MRI診断画像の一次仕分け、印刷工場のミスプリント判定、食品工場の異物混入検査、コールセンターでの適切な応対など、作業員クラスの人間が下していた判断は機械に取って代わられることになる。

画像認識も幅広く実用化されるだろう。

たとえば、街中の監視カメラにも人工知能が搭載され、いままでとは違う働きをすることになるはずだ。

動体検知だけでなく、「平常時とは違う動き」をする異常者を検出して通報するシステムが一般的となる。

たとえば、カメラの前で人がキャッチボールをして動いているのは正常と判断し、酒を飲んで刃物を振り回しているのは異常と認識して通報する。

警察も捜査に活用するだろう。犯罪容疑者は顔認識により、行動履歴を追われて逮捕されることになる。警視庁本部で犯人の顔写真をスキャンすれば、全国に設置されたカメラを瞬時に分析し、10分以内に最寄りの警察官が犯人を見つけ出して職務質問をする。

これらはあり得る未来の姿だ。

このようなセキュリティシステムの運用に際して、民間が無数に設置したカメラも犯罪捜査に活用するため、共通のプロトコル（情報交換のルール）も決められるはずだ。

一方、人工知能による株やＦＸの自動売買、人間の思いつかなかったような画期的な解決策の提案など、人工知能の魔法といわれて期待された分野では、大きな成果は上がらないはずだ。人工知能が人知を超えた分かりやすい例としては、ＰＳ４の対戦ゲームを自動操作する「名人」が生まれることくらいだろう。将棋なども含め、閉じられた世界を扱うゲームの分野では、人工知能は人間を超えるはずだ。

しかし、人間にも思いつかないような斬新なアイデアを提案するには至らない。

そして、人工知能も人間の脳を超えることはないまま、ほかの技術、たとえば「音声合成で機械がしゃべる」というアプリのようにコモディティ化していくだろう。

音声合成は非常に高度で便利な技術だが、誰でもできるようになり、研究分野としては掘り尽くされた感がある。

人工知能も同様、研究者の興味は次のホットな分野に移り変わっていくだろう。

そういう点では、人工知能が人々の職を奪い、人間よりも賢くなって、最終的には自律的に人を襲うようになるというのは、サイエンス・フィクション（ＳＦ）だといっていいだろう。

現在の人工知能技術が人間を不要にすることはないはずだ。

経済誌の「人工知能で絶滅する業種」にノミネートされていたからといって、急いで転職先を探す必要はないだろう。

脳型コンピュータと人工知能２・０のはじまり

２０２５年の最先端技術テーマは何だろうか。

ひとつは、量子コンピュータと呼ばれる、新しいアーキテクチャーで作られた高速演算を行う計算機だろう。「ノイマン型」と呼ばれる現代の半導体とはまったくことなる仕組みで稼働する、次世代の計算機だ。

量子コンピュータの実用化により、ネットショッピングなどで使われていた暗号化は過去のものとなる。ビットコインでおなじみのブロックチェーンも、安全性の担保されない過去の技術となるはずだ。

とはいえ、過去に暗号化されたファイルが解読されてしまったというだけで、２０２５年以降も安全なネットショッピングやネットバンキングを利用することはできる。

暗号化の方式が変わるだけだ。

もうひとつ、大きな進化は人工知能２・０ともいえる技術だ。

地球シミュレーターの精度を高めた結果、天気予報が高精度になったことはご存じの通りだ。

それと同じ理屈で脳のシミュレーターを作成して、その精度を高めていけば、ミジンコ程度の小さな生物はコンピュータ上で再現できるかもしれない。

その**計算規模を大きくしていけば、やがては、マウス、猿、最終的には人間の脳と同じものがコンピュータ上に再現できる**はずだ。

物理法則として、人間の脳ほどの小さな体積で、人間の脳の性能が出ることは（当たり前だが）人間により証明されている。

つまり、理論上は可能だが、まだ到達していない地点であるに過ぎない。

これが実現すれば良くも悪くも世界は変わるだろう。

いままで専門性といわれていた人間特有の仕事は、脳型コンピュータの行動モデルとしてデータ化される。

たとえば、現代のコンピュータには困難であった、高度な料理の制作、完全な通訳など、多くの職人技は、ロボットがこなすことになるだろう。

そして、この技術は軍事転用の危険性をともなう。

猛獣の行動パターンを模した狙撃ロボ、鳥と同等の知能で自律飛行し遠隔操作もできるドローンなどが戦地で人を襲う未来も遠くないはずだ。

じつはすでに、動物の脳を乗っ取り、無線端末を埋め込んで遠隔操作する研究などは、軍事目的で真剣に進められている。

神の領域ともいえる生物シミュレーターの開発が、医学とＩＴ業界の共通テーマとなるだろう。

スマホ業界にこれ以上の発展はない

もう少し身近な話を考えてみよう。

２０２５年のスマートフォンはどうなっているだろう。

モバイル端末のサイズは、おおよそ２０１８年も２０２５年も変わらない。これより小さくなれば使いにくいためだ。

電池は、１週間ほど持続するようになる。電源コードを刺さなくても無線給電対応の机の上に置けば、５分で満充電となるだろう。

２０２５年には、ＬＴＥと呼ばれる現在の通信規格よりも、さらに進んだ５Ｇと呼ばれる高速通信網が整備される。

街中の電柱に高速通信用の小型アンテナが設置されることになり、まるで無線ＬＡＮのような狭いエリア内でモバイル端末の通信は完結することになろう。それらの局所アンテナから圏外となったときだけ、かつて「基地局」と呼ばれた、大きな鉄塔の上に設備された装置との長距離通信が発生する。

会社のインターネットに速度の不満を感じないのと同様、モバイルでも表示が遅いという不満はなくなるはずだ。

モバイル端末においては、2018年と2025年に大きな変化はないだろう。人々の欲求はおおよそ満ち足りており、誰もが考えつくであろう正統な進化は完了した。**現在の情報家電市場は、ちょうど、パソコンの進化が止まったウィンドウズ7の頃と同じだ。モバイル市場でも、これ以上の性能向上は必要とされなくなり、マイナーな進化にとどまるだろう。**

あとは使い方次第というわけだ。

2025年。人々はアップルとアンドロイドのシェア争いにも飽きてきた頃だ。シリコンバレー発、もしくは台湾発の新OS企業が台頭している可能性はある。

日本では、密かにソニーと任天堂が国策プロジェクトとして、次世代モバイル市場のひっくり返しを画策するかもしれない。

モバイル機器以外の情報技術はどうなっているだろうか。

近年の流行りとして、ＩｏＴ（モノのインターネット化）が提案されているものの、やはり必要のないものは流行らない。

海上ブイや国境警備のような軍事用途、山林原野の遠隔管理のような行政用途、工場内や自販機のような数量の多い固定資産を管理するなど、多くの産業用機器はネットに接続されることになろう。

しかし、**イスや机、靴や帽子までもがネットにつながることはないだろう。必要のない方向に進化を遂げないのは進化論にある通り**だ。

家庭のデジタル環境はどう変わるだろう。

アマゾン・エコーのような音声認識デバイスを真似て、多くのデバイスに音声認識機能が付くようになる。

トイレやキッチンを会話で動かすことができるだろう。しかし、ＩＴバブルのときに鳴り物入りで登場してすぐに消えたインターネット冷蔵庫と同じように、**技術的には面白くとも、根本的に必要のない機能は流行ることがない**だろう。

必要か否かの基準は、家庭用のパソコンやiPhoneを基に考えてもよい。それらで必要のないアプリは、音声認識端末でも、おそらく必要がないだろう。

テレビは多少、画質が良くなる。現行の４Ｋテレビの４倍ほどの密度になる。だが、テレビ番組を作るのも、そこに映っているのも、視聴者も、ほぼ昭和生まれの人間だ。放送されるコンテンツが大きく変わることはないだろう。

ＶＲ（バーチャルリアリティ）は、特定分野のエンターテインメントや技術デモなど、ごく一部でしか流行らないだろう。

人々が必要としていない映像表現は受け入れられないことは、３Ｄテレビ、ニンテンドー３ＤＳの３Ｄ機能、同社バーチャルボーイの失敗を見ても学習できる。

２０２５年の情報家電分野は、そう大きく変わっていないはずだ。

遺伝子情報のデータ分析で世界が変わる

２０２５年。いまとは一線を画する新技術が普及するだろう。

ＩＴとＤＮＡ分析の融合だ。この分野もコンピュータは神の領域を侵すに違いない。

２０２５年に登場するのは、ひとことでいえば、ＤＮＡ配列データをもとに適切なお相手をリコメンドしてくれる婚活サイトだ。

ウェブから申し込みをすれば、自宅にＤＮＡ検査キットが送られてくる。試験管に唾を入れて返送すれば、自分のＤＮＡ配列がコンピュータ上に表示される。

じつは、ここまでは２０１８年時点でも、よくあるサービスだ。

だが、将来的には、生体分析出会いベンチャーによるＤＮＡ解析が進み「相性」という定性要素の主成分が分析されることになるだろう。

それをもとに婚活サイトではＤＮＡの相性が良い相手を推薦する。さらに、生体分析由来の新しい条件フィルタも登場するだろう。

「自分の父親と似た感じの人」

「70歳までハゲない人」

DNAという先天的な条件と、身長、年収、学歴のような後天的条件の双方で検索できるようになる。

若者からは「リアルの出会いはランダム要素が多くて非効率」といわれるようになるだろう。

婚活サイトが出会いの主流となれば、整形や脱毛と並び、婚活サイト向けSEOも若者の新常識となる。

ほかにも変化の兆しが見られる分野もあるだろう。衛生陶器業界だ。

2025年。トイレの便器に便、尿、血液をチェックする分析器が付き、簡単な検査は家庭でできるようになるだろう。

解析データはクラウドのデータベースに送られ、人工知能により、潜在的な病気リスクが計算されることになる。

だが、その際、「生命保険会社への情報提供を許可しますか?」と表示されたら「いいえ」を選ぶべきだろう。

第3章　〈社会システム〉のゆくえ

1、［2025年の学校教育］古典と漢文は社会で役に立たないのでなくなる

英語は誰でもできる時代に

筆者の年代（2000年代初頭のITバブル期に就活）では、英語ができることは大きなアドバンテージであった。

中学、高校、そして大学の入試では最重要科目のひとつとして、英語は必修であり、これをマスターするには非常に膨大な時間がかかる。

その点、幼少期を欧米で過ごした帰国子女は、日本の教育システムの「ライフハック」のような存在だ。

彼らは英語教師よりも英語に堪能だ。そのため、英語学習はちょっとした受験対策だけで良く、ほかの科目に学習時間を割り当てることもできるし、英語だけで受験できる有名私大を選ぶこともできた。

就活の面接でもネイティブ発音の英語力は高く評価された。

「なんであの子が外資金融に？」

このような幸運が毎年、繰り返されていた。

それにもかかわらず、彼女がネイティブ英会話を身につけるのにかかったコストは、ほぼゼロである。

幼少期に「正しい」場所に滞在していた。ただそれだけのことだ。

島国ニッポンでは、その歴史的経緯により英語を話せる人材がいない。

しかし、外資系企業は高コストとなっても英語に慣れ親しんだ人材がほしい。

このような日本の社会システムのすき間にうまくはまった帰国子女が「いい大学」と「いい会社」に簡単に入れることを、心の中では、みんなうらやんでいた。


日本育ちの母親たちは、苦労の少ない帰国子女の人生を横目で見てきたために、国語や算数よりも英語が重要であることを本能的に理解していた。

そのため、子どもには英語教育を施す家庭が増え、幼児教育では英語は必修に近い。ローカル線の駅前にも、英語教室は数多くある。

かくして、2025年の東京では、みんな英語が話せるようになっていた。**入試と就活の必須科目はみんなすぐに上達するのが日本人の底力だ。**

おそらく、センター試験にブラック・ショールズ式やニューラルネットワークのような、大学院レベルの難しいテーマが盛り込まれても、日本の高校生は良い解答を出してくるに違いない。

日本人は、みんながやっていることは乗り越える民族性だ。

このようにして、日本人の英語力はネイティブ級とはいえないまでも、シンガポール並みにはなった。ビジネスで使うには十分なレベルだ。

２０２５年。東京でタクシーに乗れば、若手乗務員は「Hello. Where do you go? You can see a festival in Asakusa!（こんにちは。行き先はどこですか？　浅草でお祭りをやっていますよ！）」と観光客を案内できるのが当たり前になるだろう。

それゆえ、それ以降の世代は業務経験や専門性をともなわない語学力は評価されない時代になる。

みんながてきることは、評価されないのがマーケットの仕組みだ。それは、人材市場でも同じだろう。

リーダーシップとイニシアチブが求められる時代

英語教育のみならず、教育システム全体が２０２５年には大きく変化していることになる。

「きみはー、××大学を出たのに、そんなこともできないのかー」

最近は、このようなことを言えば、パワハラだコンプラだとやかましいため、粗野な言葉遣いのイヤミな上司は減ったようだ。

しかし、本音ではそのように、あきれられている新卒も少なくないだろう。

この原因が、日本の教育システムにあることは間違いない。


日本の教育制度の設計思想は、重厚長大産業のワーカー、そして、軍隊の兵隊として使いやすい民を育てることを主眼においたものだという。

大企業や官庁の管理者になったことを想像してみてほしい。確かに、ひとつの課題をみんなで力を合わせて、同じようにこなしてくれる部下がいれば便利だろう。

尖った意見を言って反論することもなく、「みんなそうやってるのだから」と言えば、すぐに引き下がる。

暴動や一揆が起きることもない。

そのほうが組織の統治者としては都合がいい。戦後から平成までの教育は、統治者に都合が良くなるように設計されていたわけだ。

そのため、**主体性を持って臨機応変に現場の問題に対応すること、国家や企業の利益に貢献するアイデアを出すことなどは、戦後教育のカバー範囲外**だ。

それらは22歳になって、誰もがはじめて与えられる課題である。

大学を卒業しても社会で何もできないのは、現代的な企業を想定した教育や試験制度が存在しなかったからである。

このような経緯により、２０１８年の労働市場は、従順で面倒がない中間管理職と、ひたすらまじめに作業をこなす一般職であふれかえっている。

「日本人はまじめにきちんと仕事をする」

これは世界の人々と比べてもその通りだろう。しかし、まじめさだけが取り柄でいいのだろうか。

世界のプレイヤーと日本の労働者を比べてみれば、あまりのマインドの違いに驚くだろう。

韓国企業に泊まり込みで働く台湾エンジニア。家財の一切を売り払い、カンボジアへの片道切符を握りしめ起業した韓国人飲食店オーナー。富を求めて一家でアフリカに移住する中国人ビジネスパーソン。飛行機で携帯電話の電源を切れと注意されても、無視して株価ボードをにらみ続ける香港人投資家。

ハニートラップや産業スパイもあいさつ代わりだ。いずれも、一筋縄ではいかない強者たちが、これからの日本の競争相手となることが決まっている。

アジア人を相手にして思うのは、**本質的には世界の経済とは、自分と家族の繁栄を賭けた世界の富の奪い合い**であることだ。

しかし、我が国の戦士たちにその意識はない。

従順で反抗心を持たない調和の精神。昭和のバブル崩壊以降に定着した消極的なマインド。「手に入れる」欲からの脱却。戦うより譲る草食系パーソナリティ。

日本が経済的（軍事的にも）危機に直面したときに、彼らは頼りになるのだろうか。

アジアの猛者たちに比べると、いまひとつ頼りない日本のビジネスパーソンを作り上げた旧来の教育システムの欠点は2つだ。

答えのない課題をなんとかして乗り越える訓練がないこと。そして、有能なリーダーを育てる仕組みがなかったことだろう。

また、猛者たちは目的のために手段を選ばないが、日本では人の道に外れるとしてビジネスにおいても禁忌だと教えられている。これも競争に敗れ去る原因かもしれない。

しかし、2025年、文部科学省により、既存の教育手法と人々の従順なマインドは大きく転換されることになるだろう。

日本が未来のアジアにも生存し、世界で勝ち続ける国であるために。

教育コンテンツは国際競争社会で必要なものだけになる

2025年、また、それ以降の時代に必要な教育とは何だろうか。

ひとつの課題としては、近隣諸国の成長力が増し、経済的、産業的に日本人がするべき仕事が減っていること。

そして、それに対処しなければ、じり貧状態が進み、将来的には食べていかれなくなってしまう懸念についてだ。

このような大きな問題に対する解決力が教育に求められている。

それをするには、**「カイゼン」と呼ばれる、既存製品のちょっとした改良アイデアではなく、世界を相手に戦える新製品を作るための斬新なアイデアを出す必要がある。**結果は正しくなかったとしても、新しい試行の失敗を許容する環境もセットで必要だ。

国際バカロレアや新センター試験からも垣間見ることができるように、これからの教育は、詰め込みや言われたことを忠実にこなす型ではなくなる。ソリューション提供型、新産業創造型に舵を切るはずだ。

それにともない、義務教育のコンテンツも、それらの成果主義的な観点から見て無駄なものは外される。

たとえば、古文の活用は、昔から中学生の暗記必修科目だ。「未然、連用、終止、連体、已然、命令……」と、意味もよく分からず暗記させられた記憶があるだろう。

しかし、それらはなくなる。代わって、古文で知っておくべきストーリーの口語訳を理解するところまでが義務教育となろう。

これでは、日本人の心ともいえる「ことば」の歴史が失われてしまうだろうか。

そんなことはないはずだ。文法が分からなくても、古文の世界観を把握することは十分にできる。

むしろ、文法で嫌気がさして古典作品を味わう前に挫折した、暗記の苦手な子どもたちでも古文の世界観と美しさに触れられる利点もある。

そのようにして、読者が増えれば古典ファンも増えるのではないだろうか。

ストーリー重視とすることで、古典を原作としたマンガが流行し、『ポケモン』や『NARUTO』と並ぶ名作として源氏物語を世界に知らしめることもできるかもしれない。

いずれにしても、中高生に無理に文法を教え、試験が終わればすべて忘れ去られてしまうのでは何の成果もない。

それよりも、古典作品の味わいや楽しみのエッセンスが多く詰まった「あらすじ」部分だけを抜粋して先に伝えるのが合理的だ。

古典の文法までブレイクダウンして学ぶのは、大学の文学部だけで十分だろう。

漢文も同様だ。高校生はストーリーのあらすじだけを知っておけばいい。漢文が無駄とはいわないが、中学や高校で細かい文法まで学ぶ必要性はない。

また、海外で体育が義務教育ではない国がある通り、スポーツは学校の教科にしなくてもいいだろう。

これらの時間は削られ、英語や中国語、理工学に割り当てられることになろう。2025年の学校は進学塾のような場所になるかもしれない。

しかし、実務で役に立つ授業のコンテンツばかりでは「バランスの良い人間」になるとは限らない。そのため、部活動やボランティア活動など課外活動の重要性は増すだろう。

これには別の意味もある。

人格形成も教育の一部として組み込まれている義務教育制度では、その仕組み上、同じような価値観の日本人が量産されることになる。

しかし、教育コンテンツを実務重視にして、人格形成は家庭や課外活動の役割とすれば、多様な価値観を持つ日本人が増えダイバーシティの効果が出てくるはずだ。

「バランスの良い人間」ばかりではなく、尖った人間も受け入れたらいいだろう。行き詰まった日本経済の突破口を見つけるのは「Think Different」[9]というシャツを着た、尖った人間であるかもしれないからだ。

「文系も理系もみな平等」の教育理念はなくなる

電子立国、ものづくり立国としての方向性を国策とするならば、社会の半分以上を占める文系学生にも多少の理工学を学習させる必要がある。

2025年の教育現場では、理系偏重の教育プログラムが導入されるだろう。

文系専攻の生徒に対しても、理工学分野の「まとめ」（数式までは踏み込まない表面的な理解）を学ぶことが要求されることになるはずだ。

たとえば、GPS測位の仕組み、スキャナはなぜ光をあてて色や模様を画像データに変換できるのか、携帯電話で通話ができる仕組み、周波数帯域と高速通信の関係、パケット化とルーティング……。

このような、理工学や情報工学の基礎といえる分野を、文系生徒にも数式なしで教えるようになるはずだ。

実際、ＩＴの現場で働く多くのプログラマーは文系学部の出身だ。ＩＴ技術は数学を使いこなせなくても、そこそこは活用できることが現場で証明されている。

理工学の「あらすじ」は必要にして十分なのだ。

さらに、**義務教育に「金融リテラシー」が入るだろう。これは、本書で数多く述べた未来予想のなかでは最も早く実現される可能性がある**と思っている。

こちらも、数式をメインにもってこなければ、国際金融市場、株式、債券、デリバティブ、不動産、税制など、一通りのことは高校生でも理解できるはずだ。

たとえば、「住宅ローン金利の上昇に備えて金融市場でデリバティブを使いリスクヘッジする」「仕組み預金では普通預金よりも多くの利子がもらえる仕組み」「トルコ人がイスタンブールに家を買うための住宅ローンを日本円建てで借り入れるメリット、デメリットについ

9　１９９７年に作られたアップルのＣＭのメイン・コンセプト。「はみ出し者、反逆者、厄介者と呼ばれる人達。彼らはクレージーと言われるが 私たちは天才だと思う。自分が世界を変えられると本気で信じる人達こそが本当に世界を変えているのだから」のコピーは世界で支持を得た。

て論じる」などである。

これらは、2018年の大人たちには難解かもしれないが、金融リテラシーのイロハに過ぎない。この程度は、2025年には高校生の期末試験に出るようになるだろう。


英語の低学年スタート、そして、情報処理教育が義務教育に指定されて久しい。このような実用科目が教育コンテンツとして必要だと認識されたことは悪くないが、まだ、はじまりに過ぎない。

重厚長大産業の従順なオペレーターを育てることを主旨とした戦後教育からの一大転換は、一朝一夕の仕事ではなく、すぐには変わらないだろう。

しかし、今後は、社会の現場で必要な能力を、より多く詰め込まれる教育となるだろう。**アカデミック寄りの科目は削減され、実学的なものが増える**はずだ。


何をすると犯罪となるのか、契約とは何か、このような法制度についてや、税制、生活保護や年金、一般会計と特別会計のような、日本の社会システムも学習するようになるだろう。

社会の選択科目の雄である日本史・世界史に代わり、社会システム、金融リテラシーなどの科目が創設され、メジャーな履修科目となるはずだ。

２０２５年を生きる若者であれば、ビジネス英会話はもちろんのこと、金融リテラシー、国内外の社会制度、世界の宗教の表面的な理解、情報工学と理工学の基礎、コンピュータ言語のプログラミングなどは一般教養としておさえておきたい。

それでも文系は、遊んでばかり、まとめ係と調整係ばかりで革新的な仕事ができない、新産業の擁立に貢献しないとされ、相対的に評価は下がるかもしれない。

一方、先進的な領域、国家戦略と方向性が合致した領域を研究する理系大学生には補助金が出るようになるだろう。むしろ、いままで出なかったのが不思議なくらいだ。

末っ子の大学進学と社会的貧困

２０１８年の安倍政権では、教育の無償化を掲げている。しかし、幼稚園から有名私大まですべてが無料とはならないだろう。

２０２５年も国公立は、安価で評価も良いので狭き門だろう。そのため、多くの学生は、有名私大を目指さざるを得ない。

むしろ、私立学校のほうが、都心ではスタンダードな進学コースといえよう。

そうならば、都心の中間層は学校教育の無料化で恩恵を受けることはできない。私立学校へ行くにはいままでの同じコストがかかるわけだ。

ましてや、終身雇用と年功序列で、子どもが大きくなった年齢に合わせて給料が上がる時代は終わり、実力相応の給料をもらう時代がやってくる。

晩婚で3人の子どもを設けた場合などは、末っ子が大学へ行く頃には、親は一線を退いた無職のおじいちゃんと化しているはずだ。すでに親の財布は空っぽだ。

ならば、奨学金を借りるのはどうだろう。

これにはひとつ問題がある。よほど優秀な学生をのぞけば、奨学金は借りたら返さなくてはならないのだ。

「問答無用で借金は悪」という理不尽な教育を受けて育った子どもたちは、公的機関からの学費借り入れにも抵抗が強い。ときにその「倫理観」は彼らの未来を阻むことにもなっている。

借金はできないとはいえ、親にこれ以上の負担を強いるのも親孝行ではない。

理系の学生などは学校が忙しく、アルバイトをする時間もない。そのため、このまま親世代の給与水準が上がらなければ、仕方なしに、夜の店などでの「高収入アルバイト」をしながら大学に通う学生が増えるだろう。

だが、そんな苦学生たちには矛盾もある。じつは、彼らには、まったくお金がないわけではない。ぎりぎりの生活を受け入れれば、本来は、後ろめたい仕事をする必要はない計算が成り立つことも多い。友達がナイトプールやディズニーランドに行っているあいだに近所の居酒屋でアルバイトを重ね、サークルの飲み会にも出席しなければ、なんとか帳尻を合わせることはできるはずだ。

しかし、人の欲はしばしば倫理観の枠を超える。時代は戦後の貧困時代ではない。まわりの金持ちの子息と同じ生活レベルを維持し、その輪の中に居続けたいという気持ちは、多くの人が持つ素直な欲求だろう。

ましてや、大学生ならば楽しいイベントが毎日のように開催されている。お金がないからといって、人生の「ボーナスステージ」ともいえる大学時代に何もしない若者は少ない。

かくして、親の収入が少ないがゆえに、後ろめたいアルバイトを兼業して大学生活を人並みに楽しむ学生が増えることとなろう。

人並みのブランド物を持つことが、人並みのブランド価値のある思い出作りに変わっただけで、人々のブランド好きは変わっていない。

最近の人ならば、「インスタ映え」する経験といえばなお分かりやすいだろう。いまや、大学生の卒業旅行は、伊豆や北海道ではなくパリやラスベガスでなければならないのだ。

２０２５年の日本では、**インスタグラムに投稿できるようなブランド価値のある経験を買えない者が社会的貧困層と呼ばれることになる**だろう。

こうなれば、ますます子ども生むリスクが高まる。子だくさんで社会的な貧しさを味わうよりも少数精鋭で上質な生活を希望する親が多いからだ。

そして、**この傾向は、ますます少子高齢化を加速させることになる。社会的貧困の解決は国家的な課題でもある**のだ。

２、［２０２５年の働き方と就活］一億総契約社員時代の到来

仕事のコミュニケーションは非同期通信型に

２０１７年頃から始まった在宅ワークの流れは、２０２５年にはさらに加速するだろう。外注業者が週に１度しかオフィスに来社せずとも、自社社員の何倍もの仕事をこなすことを考えると、本来的には会社に多くの人が集まる理由はないのかもしれない。

仕事がなくても朝９時には席に着いていることは、会社への忠義を示す儀式のようなものだった。

仕事とは朝９時から始まるもの――そう決まっている大企業では、在宅ワーク、クラウド型ワークへの切り替えに二の足を踏んだ。

調整が難航したというより「そうしたくなかった」という面もあろう。組織の運営においては、勤務形態の合理化よりも重要なことがあるからだ。

たとえば、Ｂ to Ｂ企業で勤務時間を自由にできない理由の多くは、これではないか。

「クライアントが朝からオフィスにいるにもかかわらず、その業務を承っている当社の担当が家でまだ寝ているのと説明するのは信頼を損なう」

「上司よりも早く出社したほうが評価はいいはずだ（もしくは、部下よりも早く出勤するのが尊敬できる上司像のはずだ）」

実際、大企業において、始業時に会社にいない者は社内外からの信頼は得られにくい。だが、これも変わるはずだ。

2025年までに、政府は、勤務形態の自由化を国家戦略のひとつに掲げるだろう。その具体策第一弾として、厚生労働省と公正取引委員会から共同通達が出されることになるかもしれない。

「仕事の時間は人により自由です。朝は家族との時間と決めている人もいます。それは尊重しましょう。**仕事は期限内に終われば、いつやっても、どこでやってもいいのです。**仕事時間帯により社員や取引先を差別することは労働基準法と下請法に違反します」

これで、日本のビジネスシーンには「始業」と「定時」がなくなる。会社員は、ようやく勤務時間という縛りから解放されるだろう。

もともと、営業の仕事などは、モバイル端末だけあれば、オフィスに出社する必要はない。システム部門も仕事の多くは自宅からリモートでできる。

じつは、ほとんどのオフィスワーカーは、オフィスに行く必要はあるものの、日中に何時間かだけ滞在していれば十分なのだ。

必要のないことはしないのが民間企業の流儀だ。

２０２５年には、**多くの現場で出社時間と退社時間という概念はなくなり「用事があるから来る。なければ来ない」それが主流になる**だろう。

それぞれが**仕事時間に時差を持つことにより、電話も大幅に減ることになる。非同期型の仕事の仕方が主流になる**だろう。

会ってみんなで話し合うのは同期型、グループチャットのように参加者が任意のタイミングで文脈に従って会話をするのが非同期型だ。

非同期型の連絡を実現する手段として、業務でもＬＩＮＥのようなメッセージングアプリが当たり前となる。

一方、頻繁に電話を掛け、同期ありきで話をする人は、前世代的な仕事の仕方といわれるようになるだろう。

みんなで同期を取って寄りあつまり話し合うのは、大切な友人や家族など、本当に会いたい人だけで十分だろう。


非同期型の業務進行では、上司の役割も変わる。

「上席を同席させ、面会して正式に決を採る」という日本の商習慣は、冷静に考えるとあまり意味がない。メッセージ履歴と上司の電子署名に置き換わるだろう。

また、金銭の不払いや、不動産トラブルなど、ほとんどの**民事裁判は、原告、被告、弁護士、裁判官のグループチャットでやれば十分**だ。証拠の品は添付ファイルとして裁判所に送ればいい。

もちろん、ＬＩＮＥでやるわけにはいかないが、裁判所がそのような公的システムを提供すればいいのだ。

このような、非同期型で時差のある仕事の仕方が定着することにより、山手線のラッシュも幾分かは緩和されるだろう。

一致団結のチーム戦から成果報酬の個人戦へ

伝統的な大企業では、部長は野球チームの監督であり、部下は選手だ。

一緒に仕事をするのみならず、食事をともにし、悩みを打ち明け、プライベートをともにする。

送別会、忘年会は決起集会だ。娘の誕生日と日程が重複しても強制参加となる。これに参加せず出世することはできないからだ。

このような組織運営により、会社に対する帰属意識が高まるのは好都合だ。それは、ときに社畜と揶揄されることもある。

そして、自分や家族のための仕事のはずが、いつのまにか、人々は野球チームのメンバーのために自ら進んで労働を提供するようになる。

「ひとりはみんなのために」。

目的意識のすり替えだ。

そのためだろうか。**大企業の社員はビジネスの話よりも自社組織の話ばかりしている。**そして、顧客や会社の利益よりも、組織の都合を優先することも少なくない。

じつは、このようなチーム戦ともいえる働き方は日本独特のものだ。これも大きく変わるだろう。

会社での滞在時間が減れば、自然とメンバー間のつながりは希薄なものとなる。チームメンバーと助け合い、励まし合う、互助組合的な会社組織は崩壊するだろう。

かくして、日本の会社員にも誰にも監視されない、自由な時間が与えられることとなる。自宅で家族と楽しむ時間が増えるのはいいことだ。

しかし、会社に出頭しなくてよいことは、喜ばしい側面ばかりではないだろう。それは、昼まで寝ていると家族に煙たがられるからではない。

会社に行かなくてよくなった瞬間から、すべての業務は、権利と義務をともなう成果報酬型になるからだ。

いままで、オフィスでは、上司が部下に指令を出して、部下はそれを言われた通りにやれば良かった。

仮に成果が出なくても、上司がそのように指示したのだから、部下に責任はない。

しかし、これからの仕事はすべて自己責任だ。

朝９時に出社して、まじめに仕事をしているふりをするのは、もはや誰にも評価されなくなる。社長から事務員、公務員まで、すべてのビジネスパーソンに結果を出すことが求められる。

「いつまでに、この案件を、この仕様でやってくれ。分からないことがあったらいつでも聞いてくれ」

「一般的な外注先が出す、一般的な企画がベンチマークだ。それを超えるアイデアを出すのがきみの仕事だ。一般レベルの上を行った差分だけがきみの付加価値だ」

「売上目標は最低○×万円だ。それを超えた分の20％がインセンティブとして賞与に加算される」

このように、**非常に具体的な案件が、自宅で休んでいるときでも降りかかってくることになる。社内メンバーの外注化が当たり前となる**のだ。

このように、**働き方は、終身雇用を前提とした企業単位ではなく、プロジェクト単位と成果主義になるだろう。**

プロジェクト単位の仕事と成果主義は、顧客との付き合い方も変えるだろう。

たとえば、「あなたの会社の製品に欠陥があって、責任をとってもらいたい！」と怒鳴り込まれたら、どのように返すのが現在の大企業のルールだろうか。

ひとまず「大変申し訳ありません」と謝罪から始まるのが２０１８年の常識だ。電話を受けた彼は、同じ会社の一員であり、個人としてではなく会社の者として電話に対応したからだ。

しかし、電話を受けた彼は、何の事情も知らず、本来は謝る理由はない。

仕事のやり方が、チーム戦から個人戦に変われば、そのようなクレームに対する回答も変わる。

「それは私のやった仕事ではないので分かりません」

「ですが、状況を聞くには、それをやった担当者は、あまり仕事のうまくない人のようですね。彼に代わって、私が問題解決を手伝いましょう」

日本品質の親切さは変わらない。そして、担当がクレームを解決してくれることにも変わりはない。

しかし、サポート担当者の発言から、組織の一員としての立場には立っていないことが読み取れるだろうか。


副業が当たり前になり会社への帰属意識がなくなる

副業に対する意識も変わる。２０２５年には、**主たる勤務先にばれない程度に行う、従としての副業ではなく、多くの人が２つの会社を並列に掛け持ちするようになる**だろう。

大学生が二つの部活を兼部するような感覚だ。

たとえば、ＩＴシステムの開発者が、土日は民泊を運営し、金曜の夜はバーでマスターをしていてもよい。

もちろん、兼部禁止の部活動があるように、企業でも兼業の可否は分かれるだろう。

働き方が変われば、人々の意識も変わるはずだ。

現在の就活では、たとえば、三菱グループが主催するイス取りゲーム（＝選考）で勝利した内定者は、従業員というよりは、三菱グループの一員となる。会社からはその後の身分が約束され、また、高貴な三菱ブランドを身にまとうことが許される。同時に、「三菱の人間」として会社への忠誠も要求される。

しかし、兼業が当たり前となれば、スーツの襟に会社の記章を付け「自分はこの会社の人間なのだ」と誇らしく思うことは減るはずだ。外資の生命保険会社でコミッション営業をしている社員が、会社名の看板を自分のアイデンティティにしないのと同じだ。

コミッション営業とは、大企業の名刺を持つものの、会社からの基本給がほぼゼロで、自分の売り上げが収入に直結する実質的な個人事業主だ。その会社に長く籍を置く理由は多くないため、遅かれ早かれ、彼はその会社からはいなくなる。

世界的な保険会社といえども、それは、仕事をするための器に過ぎず、会社名を自分のアイデンティティにする意味はない。「プルデンシャル生命保険の鈴木さん（仮名）」ではなく「鈴木さんがいまはプルデンシャル生命保険で働いている」に過ぎないわけだ。

このように、**会社員としてどこかの企業で働くことは、長期アルバイトをしている感覚に**

変わるだろう。

一億、総契約社員時代の到来だ。

日本人が普通の若手アジア人に仕事を取られる日

2025年。満員電車での通勤と上司の監視から解き放たれたニッポンの会社員。アジア諸国から入ってきた移民による新しい風も心地好く、仕事はいままでよりも気楽で楽しいものになった。

しかし、ここに思わぬ強敵が現れることになる。

2025年においては、多くの若者が英語を使えるようになっているはずだ。そのため、業務は日本国内の業者に委託する必要はなくなる。

英語で外注できるようになるため、**汎用的なホワイトカラー業務、たとえば、よくあるウェブ開発やデータ整理などはアジア人の外注業者に置き換えられる。**

社内業務の全英語化を推進する企業が2018年現在でも増加傾向にあるが、その目的のひとつはこれだったのではないか。

企業内の文書がすべて英語ならば、その仕事は日本人以外でもできる。**日本人労働者は、英語ができて優秀で、5分の1の給料で働くアジアの若者と真っ向から競合することになる。**

もちろん、**日本人でもできる仕事をアジア人に外注して、日本人を余らせるのは国全体で見れば人件費分の損失**だ。

そのため、誰を優先的に起用するかは、規制や税優遇により調整されることになる。

逆にいえば、国が規制により調整しなければ、日本人よりもアジアの若者のほうが企業にとっては使いやすい人材となる可能性もある。

日本の未来に期待を込め、中国語ではなく英語が社内の公用語になると想定しているが、中華系ワーカーには、日本語を勉強して日本に常駐してブリッジ業務[10]を担うくらいのやる気がある。

そこまでの意気込みで仕事をお膳立てされ、しかも安ければ、使ってみようと思うのが多くの企業の判断だろう。

そして、このような業務形態、つまり、会社にいてもいなくても、日本人でも外国人でも、適切に業務をこなしてくれればよいという仕事のやり方を上流で管理するため、コア社員という新しい職種が生まれることになるだろう。

社員のすべてが外注同様では非効率な面もあるからだ。

将来の幹部候補となり、自社の業務に専属してほしい場合に限りコア社員として採用することになる。コア社員に支払う年俸は最低でも１５００万円が相場だ。ただし、採用数は全社員の１割未満と狭き門となる。

大企業のコア社員への登用は、会社員のあこがれとなるだろう。

コア社員の仕事は、会社の将来を考えること、適切な戦略を立案すること、そして、その具体的な要件定義をして社内メンバーに発注することだ。

それ以下のメンバーは外資系企業の営業職などと同じく、実質的に契約ベースとなる。

10　ブリッジとは、日本語を話し、日本人との窓口役となる外国人のこと。日本国内に常駐していることも多い。ブリッジが仕事と責任を引き受け、実務は本国の低賃金ワーカーに割り振る橋渡し役となる。

アジア人アルバイトが崩す日本のランゲージ・バリア

アジア人の脅威にさらされるのは、大企業のワーカーだけではない。現在は大学生がやっている居酒屋、コンビニなどの店員業務もワーキングホリデーのアジア人に仕事を取られることになる。

ワーキングホリデーや日本語学習のために日本に滞在している外国人の多くは、本国では上流階級家庭の子息だ。異国で高収入を得ずに長期で滞在するには、まとまった資金が必要だからだ。誰もが日本に遊びに来られるわけではない。

そして、彼らに共通していることは、日本が大好きであることだ。アニメや忍者映画の舞台となった場所で働けるのは、留学生にとってはうれしいことだ。

そんな彼らは、日本の大学生に代わってコンビニや居酒屋を切り盛りするには最適ではないだろうか。

おでんを調理し、日本酒の銘柄を覚え、日本人と一緒に仕事をすることは、日本でしかできない刺激的な職業体験だ。それほど時給は高くなくても、日本でのアルバイトに挑戦してみたいと思っているに違いない。

その分、やる気のない日本人大学生は、アジア人留学生により駆逐されるだろう。

かくして、２０２５年のアルバイトは、アジア人ばかりとなっているだろう。この副作用として、来客は店員の「対応が悪い」ことを気にしなくなるだろう。「ポイントカードはよろしかったでしょうか。お弁当の温めは大丈夫ですか」といったように、日本語がおかしい。商品の入った箱を蹴って移動させる。同じ日本人という同族意識のなかでは許容できないことも、アジア人留学生が相手であれば常識や文化の違いとして受け入れ、気にならなくなる。

アジア人がすれば何も気にならないことを、なぜ日本人がすると激怒するのか。日本人は、自分と同じ常識感覚を相手に期待していることに気づくだろう。

島国日本であれば価値観は概ね共通だが、アジアの一員となった２０２５年の日本では、もはや他人は文字通り異世界から来た人たちだ。常識の強要は通用しなくなるだろう。

そして、アルバイトなどは日本語が片言のアジア人留学生でも十分であることに気づくだろう。こちらが少し考え方を変えればいいだけだ。

そうなれば、派遣社員や正社員もアジア人でいいのではないか、むしろ不まじめな日本人よりもいいのではないか——そんな逆転の発想も生まれるに違いない。

それは逆転というよりむしろ、文化や言語による参入障壁がなくなったあとの、適材適所での配置換えといったほうが適切だ。

特に**日本のランゲージ・バリアは厚い。海外からの新規参入を阻み、日本人が国際競争にさらされずに済んでいる主要因**でもある。

いまだに多くの人は、日本語ができない人間と取引したくないと思っているが、それもそう遠くない将来に変わるはずだ。

アジア人留学生のアルバイト市場席巻は、その第一幕に過ぎない。

一億総自営業時代のセーフティネット

この働き方改革に乗じて、もうひとつ大きな社会構造の変化があるだろう。

国も企業も、個人の将来の面倒を見ない世の中になることだ。

民間労働者のほとんどが契約ベースになるのだから終身雇用という概念もない。

ただし、2025年以降は、労働人口の多くが契約で動く世の中ゆえ、世の中に流通する仕事の量は増える。

いまの自営業者が仕事を得るよりも、良い仕事にありつくのは簡単だ。メンバーが頻繁に入れ替わるのは管理者の負担が大きい（スイッチング・コスト）という意識もあるため、普通に働いていれば、仕事が途切れることはない。

技量があれば40代、50代でも簡単に仕事にありつくことができるだろう。

仕事の選択肢は増えたが、終身雇用はなくなった。

いつか仕事が途切れるのではないか――そんな心配も脳裏によぎる。どんな変化も一長一短だ。一億総契約社員化は一億総自営業化でもある。

では、競争の激化する労働市場で仕事を見つけられなかった人は、どうすればいいのだろうか。

ここでは国の出番だ。**国のセーフティネットを気軽に利用する時代が来る。**

失業補助金だ。海外ではベーシック・インカムとも呼ばれている。

贅沢はできないものの、自宅の家賃を支払い、２人の子どもが学校に行くには、なんとかなる金額だ。

結局のところ、現場で最も役に立つ担当者がすべての業務を集中して処理し、生産性が悪く、仕事にありつけなかったほかのメンバーに対して富を再分配することになる。

ここに新しい格差が生まれることになろう。業務を継続的にこなす能力があり、高い報酬で継続的に雇用されるか。もしくは、戦力外通告を受けることになるか。

現在の自営業者と同じく、仕事のできる人が、たくさん働き、たくさん稼ぎ、たくさん納税する。そのような偏りが生まれるだろう。

支える側に回るか、支えてもらう側になるのか。

それと同時に、**仕事にありつけなくても、それほど困らない社会システムを作ることが国家的な課題として掲げられる**だろう。

そうしなければ、定年まで雇用が確定している公務員が圧倒的な人気となり、また、民間の仕事の発注を巡って優越的地位の濫用も多発する。

日本には資源はない。働かないで暮らすには人口が多すぎる。しかし、お金を稼ぎ続ける卓越したアイデアはない。

だが、数多くの小さな努力と我慢を重ね、チリを積み上げるのは日本のお家芸だ。

それを原資にして、**2025年の日本は、裕福とはいえなくてもそれなりに暮らせる、欧州型社会の方向を向いている**はずだ。


一億総自営業社会が現実のものとなったとき、副業になじみのない一般会社員はどのような行動をとるべきだろうか。

筆者は、**新規性のあるビジネスを考案して一攫千金を狙うよりも、「自営業界のサラリーマン」ともいえる、仕事の請負から始める**ことをおすすめしたい。

プログラミングやシステム管理、記事の執筆、翻訳、書類や企画書の作成、集客や仲介など、普段から会社で慣れ親しんでいる仕事をほかにも営業してみたらどうだろうか。

そして、**深く考えるよりも先に、小さな仕事でも引き受けてみるのがいい。**

まずは、年収や月給のような、いわば時給制ではなく、案件単位課金という成果報酬に体を慣れさせることから始めよう。

その後、受託できる仕事内容のメニュー表を作れば、副業時代への準備は万全だ。

日本版シェンゲン協定で就職活動が変わる

欧州で運用されているシェンゲン協定というルールをご存じだろうか。日本人にはなじみのない協定だが、欧州では非常に重要なものだ。

協定参加国のあいだでは、人々は国内と同様、自由に移動できる。

この協定により欧州での人の動きは画期的に変わった。

さらに、ＥＵ加盟国間ならば、人々はどこに住んで、どこで働くことも許される。

たとえば、フランス人は、ドイツに住んだり、オランダで働いたりすることが自由にできる。これにより欧州広域をひとつのヨーロッパ単一国家のように融合させ、欧州全体で見た経済的な非効率を最小限にすることが目的だ。

このような流れはアジアにもやってくるだろう。

日本にビジネス英語を話せる大卒が増えれば、香港やシンガポールの金融機関、台湾や韓国の半導体産業なども新卒の就職先候補に加わるはずだ。

同時に、**日本企業も日本人に限らずアジア各国からの人材を受け入れることとなる。**

いずれの国においても高度な人材に対する就労ビザはネット上の簡単な申請だけで取得で

きるようになるだろう。日本版シェンゲン協定だ。

これにより、アジアはひとつの単一国家「One Asia（ワン・アジア）」になるかといえば、文化の違いは欧州以上に大きいため、そうはならないだろう。

しかし、中華圏はビジネスでも、より身近な国となるはずだ。

海外でも手軽に利用できる携帯電話網のように、人材も仕事も気軽に「国際ローミング」するようになる。


このような時代に、学生はどのように社会への船出をすればよいのか。日本の大卒という学歴は、２０２５年のアジア経済圏で通用するのだろうか。

結論をいえば、学位の重要性は今後も変わらないだろう。アジアは全般的に学歴社会だからだ。そのため、目標はなくとも、とりあえずは学校に行って学位を取ったほうが仕事は得られやすい。

学位は規格認証のようなものだ。「並」よりも「優」や「秀」という認定をとったほうが世間では採用されやすい。

「規格外だけど、うちの鉄鋼は規格品と同じくらい安全だ。まったく問題ない。だから採用しろ」といっても、割安銘柄をこよなく愛する変わり者の投資家でもない限りは信用しないだろう。

世界では存在感を失いかけているとはいえ、アジアでは、いまだ「秀」であり続ける日本ブランド。

それは学位の世界でも同じだろう。2025年、アジア人富裕層の子息がいままで以上に日本の有名大学におしよせることになるだろう。

最上位校は先進的な学術研究をするための現場として、上位校は国内外でのブランドと認証を得るための大学として、中低位校は、就職先や資格取得など卒業後の「出口」を提供するための実用大学として、明確に分かれるだろう。

そして、中低位校は「出口」の善し悪しにより下克上が繰り返される就職予備校的な位置づけとなるだろう。

大学では社会に出るための準備として、新しい学習科目も加わるだろう。

各国の宗教や文化の基礎知識を学ぶことだ。

海外では宗教は重要だ。宗教は経済や働き方にも影響を与える。

たとえば、欧米人はキリスト教会の日曜礼拝で何をしているのか、中華系の旧正月など宗教に付帯する文化、ほか、マレーシアのブミプトラ政策（地元民の優遇政策）などのご当地事情を知ることになるだろう。

その副産物として、日本人の多くは、自分は無宗教だと認識しているが、実際には神道や儒教に大きな影響を受けていることに気づくきっかけになるはずだ。

日本社会は、米国の影響を大きく受けたアジアだということも知るだろう。

大学は社会に実力を示すための卒業制作を作る場になる

アジア経済圏が就活のフィールドとなった場合、学生が在学中にやっておくべきことも変わる。

２０２５年の就活面接でアピールするのは、大学の部活動やボランティアではない。そこは、興味の方向性と実績を説明する場となるはずだ。

ゲームが好きで自ら携帯端末向けのゲームを作った。国際金融市場の動向を分析してレポートを作り読者を何人集めた。歌ってみた。踊ってみた。

いままでは、このような学生の興味の方向性を就活で力説しようものなら「そんなのが社会で通用すると思ってるの?」と叱責されるのが関の山だった。

一方、宅建や行政書士などの資格を取れば、学生の興味の方向性や実績として認められていた。

しかし、ユーチューバーが広く認知されたように、プロと一般の垣根がなくなった2018年でも、プロたる社会人よりも学生が趣味で作った自由研究のほうが高レベルであることは日常茶飯事だ。

そのような面白い試行のできる若者が有能な人材といわれる時代になっている。

今後は、**資格取得のような、少し勉強ができれば誰でもできることよりも、秀逸な自由研究のような大人顔負けの成果物を作る人材が高評価されることになる**だろう。


2025年の学生は、大学時代に興味を持ったことに対して、どこまで深掘りできたかを大人たちに示し、作品や実績ベースでその評価を受けることになるだろう。

大学は遊ぶ場所ではなく、社会に実力を示すための「卒業制作」を作る場所となる。

面接で初対面の応募者と1時間だけ話をするよりも、彼らが4年間かけて作ったものを評価したほうが、その潜在能力を計り知ることができるに違いない。

このほうが企業と学生の双方にとって合理的だ。

むしろ、**大学在学中に作成した卒論すら読まれない現在の就活システムのほうがおかしい。**日本の就活では、学生は大学では何も学んでいない前提となっているからではないか。

実際、多くの学生は「大学の授業で何を学んだ」とは言えないだろう。この悪循環は変える必要がある。

2025年の就活シーンでの、もうひとつの違いは異端者に対する評価だ。**日本経済を活性化させる原動力となるのは、協調性ではなく異端であること**だろう。

適性診断で不穏分子と判定された起業家予備軍は、従業員としてではなく、子会社社長として雇用されるようになるはずだ。

【コラム】就活生に「あなたのやりたいことは何ですか?」と問うべきではない

「あなたのやりたいことは何ですか?」

「やりたいことを仕事にしよう！」

このようなテーマで悩んでいる大学生が非常に多い。

大学生はまじめだ。これらのテーマが、求人コンサル会社が考えた、気まぐれなコンセプトに過ぎないことには気づかない。

意味があるとすれば、伝統的な大企業に就職するのが当たり前の優秀な学生に禅問答をし、ベンチャーへ人材を振り向かせるために発案されたものだろう。

その証拠に、社会人同士の飲み会で「やりたいこと」が話題になることは、ほとんどない。**いったん、社会に出てしまえば、それがやりたい仕事か否かはそれほど重要ではないわけだ。**

学生がこのような些細な問題で頭を抱えなければならないのは、気の毒で仕方ない。

そもそも、「自分のやりたいこと」を仕事にするというのは、社会全体で考えれば、基本的に成り立たない。

小学校で、「将来の夢は？」と聞いたら、お花屋さん、ケーキ屋さんという答えがいまだに多数あるだろう。

しかし、世の中がケーキ屋さんだらけになったら社会は立ち行かない。多くの人はケーキ屋さん以外の仕事を探さなければならないわけだ。**「自分のやりたいこと」から就活に入ると、よほど能力の高い人をのぞけば、大半の学生が苦しむことになるのは必然**なのだ。

では、仕事をする意味合いをこのように考えてみたらどうだろうか。

社会や経済は助け合いで成立している。彼ができないことをほかの誰かがやってくれるから豊かな生活ができる。

だから自分も他人の足りないところを埋めてあげなければ、社会に参加することはできないわけだ。

そこで、「私はケーキ屋さんになりたい。だってケーキが好きだから」というのは、ちょっと自分勝手かもしれない。

やりたいことはともかく、いま何が社会で必要とされているのかを知って、自分ができることを探し、そこに配属を賜るというのが、天才以外の普通の人がとるべき職探し戦略ではないだろうか。

たとえば、「ケーキ屋さんが増えると虫歯の人が増えるから、歯医者さんになろうかな」という考え方もあるだろう。

これは、自分を起点に社会を見るか、社会の一員として自分を見るかの違いでもある。もし、彼がよほどの天才であれば、何も気にせず、自分の信じる道を進めばいい。そもそも、そのような学生は、就職したい業界を悩むことはないはずだ。誰が見ても、その業界以外で働くことはあり得ないであろう、一点集中の尖った人たちだ。

一方、多くの普通の就活生たちは、どの業界にも自分を当てはめることができる。ならば、自分を社会の一員として捉え、空きポジションを探したほうが、早く幸せになれるだろう。

大学院を出るようなハイスペックな学生が、やりたいことを追求した結果、いい仕事を見つけられずに没落していく「ポスドク問題」なども、現実にある話だ。

そして、就活市場のテーマも時代によって変わることも知るべきだ。

筆者が学生の頃は「スキルアップ」がキーワードだったと記憶している。震災前は「社会貢献」だった。

それが**最近では「自分がやりたいこと」の話が多い。だが、5年後には、またいまとは違う、気まぐれなコンセプトが幅をきかせているに違いない。**

「『自分がやりたいこと』を仕事に持ち込むなんて、ちょっと古くない？　仕事が終わってから、やりたいことやったらだめなの？」

「好きなことを仕事にするのは『卵は一つのカゴに盛るな』という投資格言の通り、一点集中しすぎてリスクなんじゃないの？」

というのが常識になっているかもしれない。

つまり、どの考え方も普遍的ではなく、「いまはそういう時代」という程度のものに過ぎない。広告代理店の考えた就活禅問答を真剣に考えるのは時間の無駄だ。

3、［2025年になくなる仕事］士業の多くは仕事がなくなり廃業する

マイナンバー2・0が始まる

2025年。戦後から長らく続いた紙媒体ありきの社会システムは、ようやく刷新の時期を迎えるだろう。

技術的には2000年初頭のIT革命全盛期にすべてを更新できたはずだ。シンガポールやエストニア（207ページ）の状況を見れば、日本にできない理由はないだろう。

ではなぜ、世界最先端のIT先進国ニッポンにおいて、旧来型を踏襲した、紙の登記簿、郵送での申請が当たり前なのか。

それは技術や予算とは別の問題が進化を阻んでいたからだ。

その問題とは、以下の4つだ。

・役所の業務のすべてをIT化すれば紙問屋は潰れてしまう。

・アナログ業務をITのチカラで自動化すれば既得権益者の座るイスがなくなってしまう。

・２０００～２０２５年のアナログとＩＴの共存期間は、このような、ＩＴにより仕事を奪われる人への配慮期間であった。

・何より、**既存のシステムで正常に稼働しているにもかかわらず、リスクをとり、手間をかけ、革新的な取り組みを推進する必要がなかった**ことが効率化を阻んでいた。

これらの理由により、アナログ世代の人たちは無事に定年を迎えることができたが、逆に多くの市民が不便を強いられてきたのである。

本来の社会システムはどうあるべきだろうか。

もちろん事務手続きなどは効率良くなされるべきである。

誰の人生も短い。住民票をとるために窓口に並んでいる時間などないのだ。

その不便を解決するため、２０２５年には「マイポータル」システムができているだろう。登記、住民票、印鑑証明など、偽造防止処理が施された「緑色」の公的書類はすべて廃止されるはずだ。

国の提供するマイポータルへログインすれば、保有する銀行口座や不動産の一覧、納税証明などのすべてが表示されるようになるからだ。

銀行や勤務先に資料を送りたければ、データを開示する相手先を指定して指紋認証をするだけでよい。

もちろん、すべての税金はウェブ画面から簡単に支払いできる。

さらに、民間サービスと連携できるように仕様が公開されるだろう。

それにより、携帯電話番号、クレジットカード、交通系ＩＣカード利用履歴、Ｔポイントカード、飲食店のクーポンなどが、マイポータルやマイナンバーカードから利用できる。

官のサービスと民間サービスがひとつのカードで一元的に管理できる運用は、日本では画期的ともいえる試みだ（後述の通り、これらのサービスの多くはすでにエストニアで実現している）。

このシステムのもとでは、人間のアイデンティティは、ワンタイムパスワードの端末ひとつですべて証明されることになる。

それは考えようによっては危険なことでもある。

そのため、**一元化システムの普及に合わせて、セキュリティ教育も義務教育のコンテンツ**

として盛り込む必要があるだろう。

さて、ここまで広く開放的な国策IDシステムは、日本の役所では議論に上ることすら難しいだろう。

命の次に大事な個人情報を守るため、マイナンバーカードすら拒み続ける日本人の国民性と、情報公開やデータの一元管理は相性が悪いからだ。

しかし、本当に国に把握されて困るような財産や取引がたくさんあるのか考えてみてほしい。

じつはすでに、会社や個人の収入、所有不動産、銀行や証券口座、海外渡航履歴など、秘密であるはずの個人情報の多くは、国の求めがあればいつでも提供される体制になっている。

気分の問題だけで実害がないならば、社会システムの効率化という恩恵を受けるために公にデータを提供してもいいのではないだろうか。

税のシステムは簡略化され歳入庁が新設される

2025年。税のシステムは大幅に簡略化されるだろう。現在の税制は税理士も驚くほど

無駄に複雑で、コンピュータ処理との相性も悪い。

まずは、整理のため、**歳入庁が新設され、国税、地方税、年金、社会保険など、税金に関係する出納のすべてを担うことになる**だろう。国税と地方税で窓口が違うこともなくなる。

申告の実務も簡略化されるはずだ。ちょっとした零細企業は税理士不要で、無料の会計ソフトからオンライン申請して納税できるようになるだろう。

会社員の年末調整も自動化されて、なくなるはずだ。

フィンテック推進の一環として、紙幣の流通を減らす試みも始まるだろう。おおよそすべての取引は大企業か国に把握され、自動的に税務署に報告される。

税務署へレポートするための税務用ＸＭＬ[11]プロトコルも標準化されるだろう。

電子化、効率化、オープン化の流れのなかでは、脱税は難しくなるだろう。

すべての取引はデータベース上でひもづいているわけだ。誰かがインチキをすれば、すぐにつじつまが合わなくなる。

このようなシステムにより、国民全員が所得を隠さず、公正な取引をすれば税金を下げることもできるかもしれない。

かつて、パソコン用ソフトが高いのは違法コピーが多く購入者が少ないからだといわれていた。

いまは違法コピーも減り、ユーザーも増えたので、多くのソフトは大幅に価格が下がった。それでもメーカーは利益を上げている。

税金はどうだろうか。会社員は9割の所得を税務当局に把握されているが、会社経営者は6割、農家では4割しか捕捉されていない問題は「クロヨン」といわれ、公然の秘密である。「会社員は、税金を払ったあとの手取りから経費を使い、経営者は経費を差し引いたあとに税金を払う」ともいわれる。

ここでいう経営者の経費とは、必ずしも業務に関係する費用ばかりではなく、ときに愛人へのお手当なども含まれる。

11　XMLは近年のコンピュータ通信におけるデータのやりとりの主要なフォーマット。現在でも支払調書といわれる書式があり、誰にいくらを支払ったかを税務署へ報告するシステムは存在する。その報告対象をより多くの支払いに拡大し、XMLデータ化したものを想像してほしい。

脱税と違法コピーを同じように考えれば、徴税を厳密にする代わりに税率を下げることができるかもしれない。

公平で公正な取引には、ひとりあたりの負担を下げる効果もあるのだ。もちろん、政府もそれは分かっているはずだ。


それでも国として、事実上の「脱税」を厳罰化しないのは、脱税を容認されている士業や農家、経営者が票田となっているからなのかもしれない。

世の中は持ちつ持たれつなのだ。

やはり、忙しくても選挙には行ったほうがいい。

行政手続きの電子化で士業は廃業ラッシュ

マイナンバー2・0として国策ポータルサイトの運用が始まれば、いままで専門家に依頼していた多くの仕事がネットで気軽にできるようになる。

会社の設立、不動産登記、お店を経営するための許認可の申請などは人に頼む必要はなくなるだろう。

さらに、いままで述べてきたように、税制は簡略化され、固定資産税や路線価の評価方法は簡便法となるだろう。

しかし、ここで、日本社会の根底を揺るがす問題に直面するのだ。

このシステムが現実のものとなれば、司法書士、行政書士、不動産鑑定士の仕事は、まったくといっていいほどなくなる。

これは、日本の社会システムのあり方という点では問題が大きい。士業は、国が資格制度のもとに保護していたエリート人種だからだ。

そのエリート士業をリストラしなければならないとなれば厄介だ。

一生懸命に勉強をして、いい大学へ行き、いい会社に入り、資格を取れば一生安泰だという日本人の標準的な人生モデル自体を変えなければならない。

しかし、時代の流れには逆らえない。行政システムの効率化は進むだろう。

徐々にそれらの資格で独占業務をこなし、収入を得ることはできなくなるはずだ。

ところで、行政書士などは、新規ビジネスの減少という別の理由で、すでに仕事が少なくなり、食べていかれない資格として定着している感もある。

これからは**電子化により、行政書士と同じように仕事が減少する士業が増えるだろう。高度な国家資格を取れば、老後まで食べていくには困らないとされる時代はすでに終わっている**のかもしれない。

不動産鑑定士と税理士は統合され、行政書士と司法書士も統合されるかもしれない。


一方、多くの人が副業を始めて税務申告をして、個人がビジネスを始めてトラブルを起こせば、税理士と弁護士は大忙しだ。特に、弁護士は足りていない。

ここで、特別な資格が作られる可能性はあるだろう。特定業務に特化した弁護士資格だ。たとえば、離婚専門、残業代訴訟専門、不動産賃貸トラブル専門など、細分化された業務領域に特化した弁護士資格が作られるかもしれない。じつは、沖縄には沖縄弁護士という、沖縄県内でしか活動できない特殊な弁護士資格がすでに存在する。

税理士や司法書士も、領域を限定した法律家だと考えることもできる。

このように、領域を限定した法律家の資格創設は検討に値するはずだ。

しかし、弁護士団体は、聖域ともいわれる、その職域を簡単には開放しないだろう。簡易資格の保持者に置き換えられ、仕事を取られたい弁護士はいない。特定領域を専門に扱う弁護士は、司法システムの効率化に寄与するとはいえ２０２５年までの導入は間に合わないだろう。

社会的地位の向上する現場系士業

事務手続き系の士業は、電子化により仕事がなくなる一方、現場系の士業はその位置づけが見直されるだろう。現場系とは、看護師、救急救命士、臨床検査技師、保育士、消防士、社会福祉士など、現場の一線で活躍する士業のことだ。

彼らの仕事は、いままでも、そして、これからの日本を支えていくうえでも重要な仕事であるはずだ。それにもかかわらず、従事する人々の給料は非常に低い。

重要な仕事であるはずの彼らの給料が、さほど社会でも会社でも役に立っていない、事務系管理職などよりもなぜ低いのかを説明することは難しい。

おそらく、最も納得がいく説明は、**その仕事がいかに社会の役に立つか、人助けに貢献し**

ているか、尊いものであるかと報酬額は無関係というものだろう。

彼らの報酬は、元をたどれば補助金や税金である。そのため、彼らに高給を支払うと国民負担が増すという社会構造的な問題も影響している。

濡れ手に粟で高い利益を上げられる仕事のほうが、心血を注いで社会に貢献する仕事よりも報酬が高いのは資本主義社会の弊害だともいえるだろう。


問題はそれだけではない。社会への貢献度では胸を張っていいはずの現場系士業だが、その社会的身分が高いとはいえないことだ。

彼らの本音はこうだ。

「（看護）学生のときのバイト先は、みんないい大学の子ばかりだった。私は劣等感を覚えていた。大学を出ていないと恋愛対象にもしてもらえないのかと悔しく思った。私のほうが普通の大学生よりもたくさん勉強していると思うのに……。だから私は看護師をやめて大学に行き直すことにした」

大企業では、正社員と派遣社員の待遇格差が問題になり、非正規雇用が社会問題化したのは記憶に新しい。その本質は、ほとんど仕事内容が変わらないにもかかわらず、入社時に採用試験を通過したか否かだけで待遇が違いすぎることへの是正といえるものだった。

士業の現場でも同じことが起きている。医師は高給で社会的地位も高い。一方、同じ現場で働くほかの士業の地位が低すぎるのでは、自分の仕事に誇りを持つことはできないのではないか。これでは、現場で優秀な人材を確保することは難しい。

そのためには、国が主導して現場系士業の地位向上を図るべきだろう。上位大学を卒業した学生が、これらの仕事を志すのが当たり前となり、また、彼らが、大企業の会社員と同水準の報酬、同じ社会的地位を得られるように制度を変えるべきだ。

優秀な若者が、座っているだけの管理職やアフィリエイト広告業者ではなく、保育や医療の現場を目指すことは、それらのサービスレベル向上につながる。国の未来にとって前向きな変化であるはずだ。

天下りと利権団体は解体される

国の予算も公明正大なものにすべきだろう。現在の国の会計システムは複雑すぎる。

国の会計は一般会計、特別会計と分かれているが、それに加えて地方の財布もある。さらに国の委託事業として公益団体から支出するものもある。

そのため、一般国民が国家予算の内訳の全容を知ることは不可能に近く、本当に必要な支出なのか、無駄遣いなのか、わざと分かりにくくしているといっても過言ではない。

また、直接的な無駄遣い以外にも「利権」といわれる、分かりにくい国富の横取りが横行しているのが問題だ。

いくつかのよくある事例を挙げてみよう。


資格や業者免許を取得して独占業務をしたければ、業界団体に上納金を払って高い講習を受ける必要がある。

上納金は、少額ながらも毎年の徴収であり、業務を続ける限りは取られ続ける。

しかし、団体が会員に対して提供しているサービスは、ほとんどないといってもよい。年末にはロゴ入りのカレンダーが送られてくるのが慣例だが、毎年、未開封のまま捨てられている。具体的にどの資格だと断定するのは避けるが、筆者の実体験であるので間違いない。


また、ある分野では、法律に適合する認可製品を作るために、高額な認可料を天下りの審査団体に支払う必要がある。

たった7桁の認可番号を得るために膨大な費用がかかるのだ。

仮に認可製品と同じ性能が出ることを証明できたとしても、それを勝手に売ることは禁止されている。

大義名分としては「国民の安全と日本品質の社会を維持するため、救急救命の現場で素性の分からない製品を使うことはできない」というもので、まったくその通りだ。

これにより、アジアの発展途上国とは比較にならない安心、安全な社会が実現していることは否定しない。だが、少し審査料が高すぎはしないだろうか。


入札の現場も公平とはいいにくい。

随意契約により公平な業務受託の機会を奪われている。もっとも、近年では随意契約は癒着の象徴として取り締まられることが増えた。

それでも、実質的な随意契約をするために日本人らしい取り繕いをしている点は見逃せない。

表向きは一般競争入札のように見せかけた随意契約だ。

誰でも参加できることになっているが、よくよく仕様書を見ると、「この業務ができるのはA社だけしかないよな?」「去年も同じ案件を受けた業者でなければこの価格でできるはずがない」ということはよくある。

これは、単年度契約しかできない役所のシステム上の問題[12]もあり、一概にすべてが悪いとはいえないが、新規参入の中小企業や海外企業からすれば透明性に欠ける。

公益社団法人、財団法人の社員に給料を払うために、誰も読まない調査レポートの作成が予算化されたり、新規参入したくても既得権益者が強すぎて新規の開業許可が取れなかったりする業種もある。

天下りメンバーを高給で雇用する見返りに、誰が見ても違法行為であるはずのビジネスを容認し、無理矢理に合法化することもある。

このように、**利権団体は一般の人々に見えない形で国民から手数料を徴収し、おいしい業務は独占し、国富を奪っている**わけだ。

そのため、好立地にやたら立派なビルを構えていると思ったら、天下り団体や利権団体であることも少なくない。

これらは**日本人からすれば当たり前のことだが、外国人から見れば、社会システムに組み込まれた汚職であり賄賂である。**

日本の利権の成り立ちは、戦後の混乱期に国策プロジェクトに乗った名士の既得権益が続いているものや、古くは明治政府に金を貸した豪商が借金のカタに権利を得たものなど、真偽はともかく諸説ある。

フィリピン、インドネシア、ロシアなど、経済的に問題を抱えている国の多くで賄賂と汚職が問題になっていることからも分かるように、**アンダーグラウンドな取引が増えると、経済全体で見れば最適化を妨げ、国民負担が増えることになる。**

これが極端にひどくなれば、ベネズエラのように世界最大の石油資源国にもかかわらず、貧困国に転落することもある。

12　公共系の役務提供の入札では1年間の契約しかできない。しかし、システムの保守などで毎年、業者が変わるのは非効率であり、スイッチング・コストが高い。そのため、どうにかして同じ業者を指名（随意契約）したいこともある。

天下りや利権などの不透明な制度は、百害あって一利なしなのだ。

2025年。期待を込めて、これらの利権と間接的な汚職、賄賂は撲滅されると予想したい。どのような原因で悪い利権は廃絶されるのだろうか。

万が一、日本が金融緩和政策に失敗し、国債暴落などの事態に見舞われ、まったく身動きが取れなくなったことを想像してみよう。

そのとき、IMF（国際通貨基金）や米国は、利権団体を解体、排除することを約束させたうえで復興資金を援助するかもしれない。

日本人はとかく外圧には弱い。米国の命令なら従うだろう。しかし、それでは、米国に利権を取られるだけで何も良くならない可能性もある。

となると、勇気ある政治家の登場を待つしかないだろう。

なぜ、利権の解体に外圧や勇気が必要なのか。

それは、利権を守る側も必死だからだ。多くの場合には国家権力や反社会的勢力など勝ち目のない相手との戦いとなる。

政治家やメディアが誇る表面上の正義感では、生死を賭けた血みどろの争いとなるリスクをとってまで、そこに踏み込むことはできないだろう。

そのため、利権団体は、批判の矢面に立たされることがなく、今日もひっそりと富を搾取し続けている。

【コラム】世界で存在感を高める電子立国エストニア

筆者は、2017年秋、エストニアの首都タリンにビジネスの視察に行った。

日本でエストニアが有名になったのは、「国家に必要なのは領土ではなくてデータ」「万が一、領土が侵略され奪われても、データがブロックチェーン上に存在すれば国は生き続ける」など、次世代的なキャッチフレーズに多くの人が興味を持ったためだろう。

エストニアは小国ながら、日本でも多くの知識層に知られている。

なお、「領土が奪われる」とは、地球滅亡などのSFではなく、エストニア最大の脅威であるロシアからの軍事侵略を意味している。

このようなIT国家の基礎を作ったのはイルベス前大統領だ。資源国ではないので何らかの国策が必要だったともいわれている。

エストニアは「eエストニア」と呼ばれる国策を推進しており、すべての事務処理をIT化していることで有名だ。

IDカードを国民ひとりに1枚ずつ持たせることにより多くのことを実現している。たとえば、ネットバンキング、スイカのような交通系電子チケット、ネット選挙、契約の電子署名、公証人の手続き、病院の処方箋、健康管理記録、自動車関連記録などがカード一枚で実現できる。

IDカードにすべての公的機能がアプリとして入っているので、エストニアでは運転免許を持つこともない。運転免許はIDカードのアプリとして提供されているわけだ。

役所で住民票を取得してほかの役所に提出という無駄もない。すべてポータルの画面から提出を管理できる。

日本のマイナンバーとは勝手がことなり、運用面で民間企業とも連携していることが特徴的だ。IDカードは民間店舗のポイントカードも兼ねている。

ポータルサイトも民間企業が制作しており、画面デザインも民間の香りがするポップなものだ。

機能拡張は民間主導で進んでおり、人々の必要とする機能が随時、追加されていく。

エストニアでは、情報公開も異次元だ。

ネット上でエストニア国民や企業を検索でき、ビジネスをしている人ならば評判の評点、借り入れの有無、納税額などが表示される。

お金のやりとりは、とてもオープンで透明性があるといえよう（なお、**エストニアに限らず、北欧圏では所得と税額は個人情報とされず公開されている国もある。**上司の年収を検索することもできる）。

eエストニアでは電子納税システムも先進的だ。政府指定のソフトに収入と支出を入力してデータを税務署に開示すれば、確定申告不要となっている。

データ詳細を開示するかは選択制だが、それに同意すれば、ほかの開示した人の平均売上など競合データを取得して比較できる。

何やら、日本のＩＴとはレベルの違う世界がそこにありそうだが、現地の公的機関にも話を聞いたところ「エストニアはＰＲがうまい国」とのことで、結論的にはＰＲに引っかかってしまった感もある。

ＩＤカードが官と民の枠を超えて統合され、すべての電子決済が単独ＩＤで実現可能という運用面では最先端だが、それ以外は旧ソビエト時代の面影を残す、これといって特徴のない小さな国だ。

やはり、技術的には米グーグルや軍事機関のほうが最先端だろう。

筆者が取材から帰国した1週間後、エストニアから再度の連絡があった。

eエストニアカードのセキュリティに深刻な脆弱性が見つかり、２０１７年11月現在では新規発行を一時停止しているとのこと。

筆者は、すべての行政システムを電子化に依存するエストニアのやり方は、アップデートのパッチをあて続けなければ安全なネット接続すらできないウインドウズＰＣのシステムと似ているのではないかと思った。

電子化とセキュリティは常に切り離せない問題なのだ。

これを永遠に続けていかなければならないエストニアでは、セキュリティ技術者が花形職業のひとつだ。

しかし、**完璧なセキュリティを維持しなければ国のシステムが成り立たないことは、それ自体が非効率でリスク**と考えることもできる。

日本のように政府系システムは専用線接続のみ、重要な書類は紙で、という一見すれば非効率な運用にも利点はあるのかもしれない。

30年前と同じやり方を続け、システムのアップデートを怠っても、不正は発生しないことが約束されているからだ。

そう考えれば、必要なのは、データを電子化してブロックチェーン[13]上に展開することではないことも考え得る。

データベース技術者の発想で、効率良く行政システムの業務フローを設計することこそが重要なのではないか（たとえば、郵便番号を書けば、住所を書いたりふりがなを振

13　２０１８年のビジネスシーンでは、業務データをブロックチェーンと呼ばれる分散型ネットワーク上で管理することが最先端の試みとされている。しかし、それは必ずしも技術的に必要なことではなく「やってみたかった」だけのプロジェクトも少なくなかった。

ったりする必要はないはずだ。区役所で住民票を取得して裁判所に提出するなども、ＩＴ技術者の発想ではあり得ないだろう）。

行政システムの理想型は、必ずしも完全電子化ではなく、電子と紙媒体が混在するほうが高効率という可能性もあるだろう。

しかし、それを差し引いても、エストニアの取り組みはＩＴ先進国日本から見ても十分参考になるはずだ。特に運用面で官の頭が極めて柔らかい点は見習うべき点だろう。

4、「２０２５年の社会インフラ」購買履歴で個人の行動が丸裸に

行動履歴をデータ分析して人を判断する社会

位置情報、ＤＮＡ情報、マイナンバーによるアカウント情報統合など、２０２５年はＩＤ管理社会、そして監視社会でもある。

２０２５年のゴールデンウィーク。筆者は近所のドン・キホーテでカップ焼酎を買う。会

計では、いつものようにTポイントカードを提示する。

ご存じの通り、Tポイントカードは2018年現在の所有者が6500万人を超える、国民的ポイントカードだ。2025年、ついに所有者の数は1億人を突破した——。

日本全国で「Tポイントカードはよろしかったでしょうか」は何億回と繰り返され、いまや、外国人向け観光ガイドにも載っている、最も有名な日本語のフレーズとすらいわれる。

このフレーズがうっとうしいと思ったら、それを言われる前にTポイントカードを提示するしかない。もしくは、シャツにこう大きく書いておくといいかもしれない。「私はTポイントカードを持っていません」、と。

筆者はその後、コンビニのレジ前にディスプレイされたフライドチキンを食することにした。コンビニチェーンの名前を冠した看板商品らしい。

ここでもTポイントカードを提示し、まるで何者かに行動を監視されているかのように購入履歴は積み上げられていく。

その翌日の月曜日。筆者は自宅の買い換えでメガバンクの住宅ローンセンターに足を運ぶことになった。

一通りの申し込みを済ませると、ここでも「Tポイントカードはお持ちですか」。融資係は、にこやかに言った。

最近は、住宅ローンの申し込みにもTポイントカードが必要らしい。筆者は渋々、カードを提示すると、融資係は、今度はけげんそうな顔をしている。

「お客様。もしかして、連休中に、ひとりでカップ酒を飲んで、その足でチキンを食べました？　すみませんが、この購買パターンは、うちの人工知能エンジンが危険先と判定して住宅ローンが出せないんですよ」

「この購買が偶発的な例外と認められるように、履歴データをきれいにしてからお越しいただけませんか。連休は家族でディズニーランドに行くなどの購買パターンだと加点が高いと聞きますよ。ほかには、高級ホテルのラウンジを利用したり、デパ地下で食品を買ったりするのも効果があるそうです。ご面倒であれば、当行で投資信託を買っていただくと特別加点もできますが、いかがですか？」

まるで、どのような購買履歴を残せばプラチナクレジットカードのインビテーション（招待）が届くかを富裕層が情報交換するかのごとく、すべての人が購買履歴による格付けを気にするようになる。

単に大金を使うだけでは評価は上がらない。

キャバレーで高い酒を入れて散財するよりも、伝統的な富裕層の購買パターンに従うほうがいいだろう。

日本版クレジットスコアとTポイントカード

先ほどの例は少し大げさかもしれないが、いずれにせよ、２０２５年には、誰もがＴポイントカードを持つ時代になるだろう。

筆者はいまだにＴポイントカードを持っておらず、作る予定もないが、２０２５年までには、必要に迫られて持つことになるかもしれない。

なぜなら、Ｔポイントの購買履歴が米国のクレジットスコアのように信用評価に利用される可能性があるからだ。

購買履歴を基に債務不履行や犯罪の予備軍を推定する研究も始まるだろう。

しかし、**購買履歴分析の本命は一般市民に小口の資金を貸しつけ、統計的信用に応じた金利を取ること**だろう。

Ｔポイントカードのクレジットスコアに応じて、リアルタイムでキャッシングの枠も増減する。

たとえば、『Pythonではじめる機械学習』（オライリー）のような高度な書籍を買えば、意識の高い安全な人と判定され、借入枠は増え、金利は下がる。

前述のように、平日の昼からカップ酒をいくつも買えばその逆だ。ポイントは付くが信用は毀損する。

もちろん、このキャッシング資金はTポイントカードで購入できるアイテムだけに使える、電子マネーとして提供される。

貸し手は、貸し出した金がいつどこで使われたかをリアルタイムにすべて把握し、危険な兆候を感じたらいつでもポイント与信枠を停止できるというわけだ。

消費社会における購買履歴は、その人の人格そのものだ。学歴、職歴、**購買履歴と並んで評価される**ことになる日も近いだろう。

２０２５年の婚活シーンでは、「うちの娘と結婚したいって？　じゃあ、決算書3期分とTポイントカードを持ってきてもらおうか」という会話すらあるかもしれない。

5、［2025年　効率化社会の行く末］人工知能と無人倉庫は幸せな未来か

物質的に恵まれた近代社会の誕生

20世紀の日本は「モノ」を中心とする社会だったといえよう。

戦後は、衣食住を充実させること、そして、たまには「ビフテキ」のような贅沢なモノを手に入れることで、人々は充実した日々をおくることができた。

頑張って働けば、明日はもっと、優良なモノを手に入れることができる。それが20世紀の希望だった。

しかし、21世紀の日本では、ビフテキは死語となり、憧れの食材ではなくなってしまった。経済発展により、ビフテキは万人に手の届くコモディティとなってしまったからだ。

それだけでなく、かつては高級品といわれた数々の品、4Kテレビ、ドラム式乾燥洗濯機、床暖房、ハイブリッド自動車などを誰でも手に入れられる現代社会が実現した。

さらには、ブランドバッグや時計のようなラグジュアリーアイテムですら、かつてほどの

憧れを得られなくなった。

もはやモノにより人々の感性を刺激することはできないほどに、世界にはモノがあふれている。

効率化と技術革新のおかげで、中低流家庭にも十分な品質のモノが行き渡った。日本社会は物質的には成熟しており、成功した先進国だといえる。

2025年においては、いままで述べてきたように、家はコピペのような規格物とはいえ、貧しい家庭にも十分な居住性を持つだろう。

必要十分な居住性を持つだろう。

貧しい家庭にもネット通信が高速で便利なコンピュータが行き渡り、エンターテインメントの多くは無料アプリで楽しめる。

衣食住のほぼすべてを、低価格の量産規格品でまかなうことができるため、贅沢をいわなければ、お金がなくても十分に楽しく暮らせるはずだ。

効率化を突き詰めた結果、生活物資のほとんどは段ボールに詰められ宅配されることになった。

多少味気ない気もするが、これでも、昭和の高所得者よりも便利で快適だ。生活の質（クオリティ・オブ・ライフ＝QOL）は高いかもしれない。

足りないモノのない社会はすぐ目の前にある。物質的に恵まれた近代社会の誕生だ。「あまり熱心に働かなくても、生活には困らない日本。すばらしい国」。こんな声すら聞こえてくるかもしれない。

もちろんこの財源は、政府がコアビジネスとして擁立した、いくつかの産業からの収益だ。新産業は少ない人数で失業者の分までを稼ぎ出してくれる。

この豊かな世界では、その後、何が求められるのか。人々の欲求はどこへ向かうのだろうか。

じつは、モノに困ることのない洗練されたIT社会は、北欧にはすでに存在する。北欧社会を知ることは、これからの日本社会の行く末を占うことにもなるだろう。


なぜノルウェーよりスウェーデンの自殺率が高いのか

北欧は天気が悪いから自殺率が高いといわれている。

実際、行ってみるとムーミンやマリメッコのような、おしゃれで豊かなイメージとはことなる。

北海道よりも寒い、昼でも暗い、乾燥して寝られない、長く雪が積もるなど、かなり厳しい気候だ。

正直、ここに住んで生活の質が高いとは思えないという気すらする。

しかし、いろいろな研究によると、その天気の悪さは自殺につながっていないらしい。

実際、あるスウェーデン人も「スウェーデンは自殺率が高いが（気候も文化も類似の）ノルウェーは自殺率が低い」と言っていた。

では、スウェーデンの自殺率が高い理由は何なのだろうか。


スウェーデンは高度な福祉国家である。

食べていくには困らない。働きたくなければそれでもいい。ホームレスになる心配はない。

子どもが増えたら補助金をもらえる。ブルーワーカーや無知識層も少ない。

なんてすばらしい国だろう。

しかし、これがむしろ問題になっている。

ゆりかごから墓場まで、誰の助けを借りることなく、ひとりで生きていかれてしまうから

だ。人は、人の助けが必要なければひとりで生きることを選びがちな生き物のようだ。

彼が言うには、「スウェーデンでは「Good morning!（いい朝ですね）」と見知らぬ人に言うと「It's my morning. Not your morning（これは私の朝であり、あなたには関係ない）」と言われる」という冗談があり、街で道を尋ねると「アイフォーン持ってないの?」と返されるとのこと。

スウェーデンはひとりで完結する社会のようだ。

「物質的には豊かだ。それゆえ、ひとりで孤独に生きて鬱になる人が多いのではないか。それが自殺につながっているのではないか」というのがスウェーデン人の意見だ。

一方、ノルウェーはどうだろうか。

同じく福祉国家で天気も悪いが、スウェーデン人曰く「人々はオープンなマインドであり、知らない人とも他愛ないおしゃべりをする」という。

それゆえ、スウェーデンよりも自殺率が低いらしい（これが根拠だというのは、統計的に実証された事実とはいえず、スウェーデン人の意見に過ぎないが）。

最後に、スウェーデン人は、未来の東京を占うのに参考になることを言っていた。

「おれの住んでいるアパートなんて、となりにどんなやつが住んでいるのかも分かんないんだ！　あり得ないだろ？　これじゃあ、社会から孤立するよな。自殺が増えるのも分かる気がするよ」

どうだろうか。これは「あり得ないこと」だろうか。


東京では、アパートの隣人がどんな人物なのかを知っているほうがめずらしい。そして、隣人とすれ違っても関わりを持たないのが集合住宅の不文律だ。

自殺の多いスウェーデンで「あり得ない」といわれる状況が日常の東京。

2025年も東京砂漠の人々は、人間らしく暮らせているのだろうか。

じつは、スウェーデンよりも日本の自殺率はさらに高い。


効率化を突き詰めるのは非効率という矛盾に気づいたとき

日本（東京）ほど、人に話しかけて嫌がられる国はない。

電車内で人に話しかけたら係員や警察を呼ばれることを心配しなければならない。

また、店員とお客、官と民などは、気軽に交流しない壁が存在する文化でもある。たとえば、東京都内の区役所窓口で、公務員と長々と雑談をするのは迷惑な人だと認識されるだろう。コンビニでも店員と雑談する客はいない。

それに加えて、日本では、人に悩みを話すことは、借りを作ることであったり、恥であったりする。

聞いている側も、面倒だと感じていることもある。最近の若者のあいだでも「重い」のは最も嫌われることだ。

これらは「人に迷惑をかけるな」という思想の影響ではないかと思う。

では、人に助けを求められない我が国では、どうすればいいのか。

日本では、人の迷惑にならず、人知れず悩みを解決する方法が高度にサービス化やシステム化されている。

「雑貨がどこで売ってるかなど、友達に聞かずにアマゾンで買いましょう」

「仕事がない人は、人に相談する前に人材会社のシステムを検索してください」

「おとなりさんに味噌と醤油を借りるなんて、戦後じゃあるまいしコンビニに行きましょう」

困った人は、人ではなく社会システムやサービスに頼り何かを探すことになる。

これは、スウェーデンの街で道を尋ねると「iPhone 持ってないの?」と返されることに似ていないだろうか。

便利といえば便利だが、じつは、とても冷たい社会だ。

人工知能が普及段階に入れば、コールセンターのオペレーターと話す機会すらなくなるだろう。

さらにいえば、お店の人がニコニコしていて外国人から「おもてなし」と評価されるのも、「スマイル=ゼロ円」とマニュアルや商慣習で定義されているためだ。

システムとしてニコニコしているだけであり、彼は、私に対して笑顔をふりまいているわけではない。

銀行ATMの待ち受け画面に、銀行員がニコニコしている絵が映っているのと同じなのだ。また、日本では係の人の裁量権も少ないと思う。接客のセリフは棒読みのようなことも多い。担当者は人格を消してシステムの一部になりきっている。

日本では、どこでも人がニコニコ接客しているのは事実だが、それは無人化された自動システムに近い。

無人化や機械化を推進すると、確かに効率は良くなり、いい面が多い。

しかし、それを究極的に突き詰めれば、人と人との会話はなくなり、無機質な物流センターのようなところで働き、コンテナの中で暮らすようなライフスタイルになるのかもしれない。

ＩＴ化の目的は、ひとことでいえば「雑用を効率化して、余った時間で人生をもっと楽しもう」というものだが、実際には、**効率化のおかげでコミュニケーションがなくなり孤独化が進み、さみしい社会化が進んでいる**のではないか。

ＩＴ関係者が「家族との会話がＬＩＮＥしかない」とぼやくこともいまではめずらしいことではなくなった。

２０２５年、高度に効率化され、便利で快適、誰の助けも必要としない未来が訪れたとき、いままでにはなかった孤独感との戦いが始まる。

人々は、人生の多くの時間を液晶画面の前で過ごすことに疑問を持ち始めるだろう。

もしかしたら、アマゾンの物流倉庫は無人化せずに、近所のシニアや学校帰りの子どもたちを集めて、みんなでワイワイガヤガヤと、みかんでも食べながら箱詰めをするのが楽しい未来なのかもしれない。

すべての活動がネット上で展開され、効率良く処理される時代の行き着く先には、再び、遠回りを許容し、人の温かさ、人間らしさを求める未来があるだろう。

ネットからリアルへの回帰が、効率化に疲弊した現代人への処方箋となるに違いない。

おわりに

残念ながら筆者の想像力は、それほどたくましいものではない。これが日本の教育システムの賜物なのか、筆者固有の問題なのかは分からない。

じつは、ここまで書いてきた話の多くは、すでにどこかの先進国で実現されているもの、計画や提言されているもの、もしくは、多くの人が不満を言う既存システムの妥当な改善案、特定の業界では既定の未来像として想定されているものが中心だ。

筆者の独自予想やサイエンス・フィクションは多くない。

そのため、このうちいくつが予想通りになるかという予想精度の良し悪しをあげつらうよりも、未来予想の断片的なアイデアや、この国がどうすれば、より良くなるかを考える材料として参考にしていただければ幸いだ。

もうひとつ言い訳をするならば、多くのイベントは、すべて２０２５年に起きることになっているが、一部はもっと早く、残りの多くはその後で実現するであろうことも申し添えたい。

２０２５年。現在の社会システムに存在する問題の多くは適切に解決され、より良い未来が日本に訪れることを確信している。

なお、本書のテーマについてのご意見、ご質問は筆者ウェブサイト（https://cpx.co.jp/qa）で受けつけている。

玉川陽介

２０１８年１月

玉川陽介（たまがわようすけ）
1978年神奈川県大和市生まれ。学習院大学卒。学習院さくらアカデミー講師。大学在学中に統計・情報処理受託の会社を立ち上げ、28歳のときにM＆Aにより上場会社に売却。その資金で世界の株式、債券、不動産などに投資する個人投資家となる。世界20カ国以上で銀行と不動産市場を調査し、経済誌などへの執筆も行う。主な著書に『不動産投資1年目の教科書』（東洋経済新報社）、『Excelでできる不動産投資「収益計算」のすべて』（技術評論社）などがある。

常勝投資家《じょうしょうとうしか》が予測《よそく》する日本《にほん》の未来《みらい》

2018年2月20日初版1刷発行

著　者 ── 玉川陽介
発行者 ── 田邉浩司
装　幀 ── アラン・チャン
印刷所 ── 堀内印刷
製本所 ── 榎本製本
発行所 ── 株式会社光文社
東京都文京区音羽1-16-6（〒112-8011）
https://www.kobunsha.com/
電　話 ── 編集部03（5395）8289　書籍販売部03（5395）8116
業務部03（5395）8125
メール ── sinsyo@kobunsha.com

 ISBN 978-4-334-04337-7

924
追及力
権力の暴走を食い止める
望月衣塑子　森ゆうこ

森友・加計問題の質疑で注目される新聞記者と政治家が「問う意味」を巡り大激論。なぜ二人は問題の本質を見抜けたのか？　一強多弱の今、ジャーナリズムと野党の意義を再考する。

978-4-334-04330-8

925
美術の力
表現の原点を辿る
宮下規久朗

絵画とは何か、一枚の絵を見るということは、芸術とは――。初めてのイスラエルで訪ね歩いたキリストの事蹟から、津軽の供養人形まで。美術史家による、本質を見つめ続けた全35編。

978-4-334-04331-5

926
応援される会社
熱いファンがつく仕組みづくり
新井範子　山川悟

単なる消費者ではなく能動的な「応援者」を増やすことが、生涯顧客価値を高めていく――。熱いファンによって支えられる国内外の会社の事例をもとに、「応援経済」をひもといた。

978-4-334-04332-2

927
1985年の無条件降伏
プラザ合意とバブル
岡本勉

'80年代、あれほど元気でアメリカに迫っていた日本経済が、なぜ「失われた20年」のような長期不況に陥ってしまったのか？　現代日本史の転換点を臨場感たっぷりに描く。

978-4-334-04333-9

928
老舗になる居酒屋
東京・第三世代の22軒
太田和彦

佳き酒、肴は、店主の誠実さの賜。東京に数ある居酒屋の中で、開店から10年に満たないような若い店だが、今後老舗になっていきそうな気骨のある22軒を、居酒屋の達人・太田和彦が訪ね歩く。

978-4-334-04334-6

929
患者の心がけ
早く治る人は何が違う？
酒向正春

良い医療、良い病院を見分けるには？　多くの患者さんに奇跡をもたらしてきた脳リハビリ医が語る、医療の真髄——医療の質、チーム医療、ホスピタリティ——と回復への近道。

978-4-334-04335-3

930
メルケルと右傾化するドイツ
三好範英

メルケルは世界の救世主か？　破壊者か？　メルケルの生涯と業績をたどり、その強さの秘密と危機をもたらす構造を分析する。山本七平賞特別賞を受賞した著者による画期的な論考。

978-4-334-04336-0

931
常勝投資家が予測する日本の未来
玉川陽介

空き家問題、人工知能によってなくなる仕事、新たな基幹産業、国策バブルの着地点——。「金融経済」「情報技術」「社会システム」の観点から「２０２５年の日本」の姿を描き出す。

978-4-334-04337-7

932
誤解だらけの人工知能
ディープラーニングの限界と可能性
田中潤
松本健太郎

人工知能の研究開発者が語る、第3次人工知能ブームの終焉の可能性と、ディダクション（演繹法）による第4次人工知能ブームの幕開け。人工知能の未来を正しく理解できる決定版！

978-4-334-04338-4

933
社会をつくる「物語」の力
学者と作家の創造的対話
木村草太
新城カズマ

AI、宇宙探査、核戦争の恐怖…現代で起こる事象の全ては「フィクション」が先取りし、世界を変えてきた。憲法学者とSF作家が、現実と創作の関係を軸に来るべき社会を描く。

978-4-334-04339-1